한번 고객을 평생의 고객으로 만드는 법

칼 소웰 · 폴 브라운 지음
정성호 옮김

도서출판 장락

■
옮긴이 정성호는 1949년 충남 당진에서 가톨릭대학 신학과를 졸업하였다. 주요 번역작품으로는 『아이아코카 자서전』(리 아이아코카), 『사고와 혁명』(제럴드 내들러), 『우량 기업의 창조 비결』(마이클 실버), 『로스 페로의 결단과 야망』(캔 폴랫), 『해머 자서전』(아만드 해머), 『정보 거인 IBM』(로버트 소렐), 『최고 경영자』(로버트 헬러), 『살아 있는 전설 카쇼기』(로럴드 케슬러), 『성공의 심리학』(데니스 웨이틀리), 『효과적인 대화와 인간관계』(네일 카네기) 등 다수가 있다.

■
한번 고객을 평생의 고객으로 만드는 법

■
지은이 : 칼 소웰·폴 브라운
옮긴이 : 정성호
펴낸이 : 유명자
주 간 : 김종성
출판등록 : 1991년 7월 25일, 제 21-251호
1판 1쇄 : 1991년 7월 25일
1판 15쇄 : 2003년 7월 10일
펴낸곳 : 도서출판 장락
         서울시 종로구 인사동 153-3 금좌빌딩 205호
         우편번호 110-290
         전화 (02) 735-0307/8, 팩스 (02) 735-0309
값 6,000원

ISBN 89-85262-10-6   13330

이 책에 대한 찬사들

"이 책은 소박하고 흥미있는 일화들로 가득찬 재미있는 이야기체로 씌어졌다. 모든 종업원을 위해 한 권씩 살 것을 권하는 바이다. 아마 당신 자신에게 줄 수 있는 최고의 새해 선물이 될 것이다."

톰 피터스(Tom Peters)

"나는 칼 소웰을 오랫동안 사귀어 왔는데, 내가 배우로서 성공적으로 사용한 모든 테크닉을 훔쳐서 한 권의 책을 쓰리라는 것을 믿어 의심하지 않았다."

미국 남자배우 래리 해그먼(Larry Hagman)

"칼 소웰은 서비스 산업에서 성공하기 위해 가장 중요한 것들을 모두 모아놓았다. 그리고 우리들 모두는 어떠한 형태로든 이 서비스 산업 속에서 살고 있다."

아메리칸 항공사 사장 엘버트 케이시(Albert V. Casey)

"칼 소웰은 우리들 GM 사의 뛰어난 자동차 판매상 가운데 한 사람이다. 그는 자신의 비즈니스를 고객 만족이라는 바탕 위에 쌓아올렸다. 그의 책은 고객의 만족을 성취하는 데 뛰어난 통찰력을 제공해주고 있다."

제너럴 모터스 회장 로버트 스탬펠(Robert C. Stempel)

"만일 칼 소웰의 상식이 조금만 더 널리 알려졌더라면, 우리들은 이 세계에 훨씬 더 행복한 고객과 노동자들을 갖게 되었을 것이다. 그가 자동차를 팔면서 터득해온 교훈들은 우리 모두가 미국의 비즈니스계에서 꼭 지켜야 할 교훈들이다."

펩시 콜라 회장 웨인 캘로웨이(Wayne Calloway)

이 책이 페기, 재클린, 칼을 위한 것임은 두말할 것도 없거니와, 동시에 에릭 존슨, 스탠리 마커스, 봅 무어, 존 소웰, 그리고 나의 아버지께 바친다.
그리고 샤논 레이첼 펙 브라운에게 바친다.

비즈니스에 관한 책을 읽을 때마다 빈번하게 머리에
스쳐가는 두 가지 생각이 있다.
1. 저자는 과연 그 자신의 가르침에 따르고 있을까?
2. 저자가 그처럼 영리하다면 어째서 그 사람은 부자가 되지
못했는가? 하고 궁금해진다.
그러나 칼 소웰의 경우에는 그가 이룩한 2억5천만 달러
상당의 기업이 이 두 가지 질문에 대답해주고 있다. 이 책은
모든 페이지에 금광맥처럼 멋진 아이디어들이 널려 있는
금광이다.

《스튜 레너드 데일지》지 사장 스튜 레너드(Stew Leonard)

■ 차 례 ■

서문 · 15
고객 서비스 10계명 · 21
우선 처음에 생각해야 할 일 · 23

무엇을 원하는지 고객에게 물어라
CHAPTER 1. 어떤 서비스를 하면 좋은가는 고객이 가르쳐준다 · 33
CHAPTER 2. 고객이 무엇인가를 부탁하면 대답은 언제나 "예스" · 49
CHAPTER 3. "시간이 지나서"라는 말은 통하지 않는다 · 53
CHAPTER 4. 청구는 항상 견적 이내로 하라 · 58

항상 우수한 서비스를 제공하라
CHAPTER 5. 스마일이 아니라 시스템을 · 65
CHAPTER 6. 검사 책임자는 무용지물이다 · 71
CHAPTER 7. 고객 서비스 부문 역시 필요없다 · 76
CHAPTER 8. 한번에 정확히 일을 완성시켜라 · 79
CHAPTER 9. 좋지 않은 일이 일어났을 때 · 88

CHAPTER 10. 항상 고객이 원하는 것을 제공하라 · 94
CHAPTER 11. 항상 개선을 게을리하지 말라 · 99

어떻게 고객과 종업원에게 대응해야 하는가?
CHAPTER 12. 종업원도 고객과 똑같은 정도로 소중하다 · 107
CHAPTER 13. 고객이 언제나 옳다고는 할 수 없다 · 112
CHAPTER 14. 우수한 서비스를 제공하려면 고객을 동참시켜라 · 119
CHAPTER 15. 단골 고객을 만들어라 · 124
CHAPTER 16. 최고의 종업원을 모집하라 · 129
CHAPTER 17. 회사 내의 슈퍼 스타 · 139

자기 진단
CHAPTER 18. 측정에서 개선은 시작된다 · 147

효과적인 인사채용과 급여제도
CHAPTER 19. 종업원의 높은 임금은 회사의 이익에 연결된다 · 167

CHAPTER 20. 파트너십 페이 방식 · 174

리더십이란 솔선수범이다
CHAPTER 21. 경영자는 속임수를 써서는 안된다 · 185

이미지 조성이 중요하다
CHAPTER 22. 세일즈 현장은 쇼 무대여야 한다 · 193
CHAPTER 23. 어머니의 말대로 매너는 중요하다 · 202
CHAPTER 24. 화장실의 청결도는 고객에 대한 배려의 척도이다 · 206
CHAPTER 25. 표지판을 재검토하라 · 210
CHAPTER 26. 부하는 상사의 거울이다 · 213
CHAPTER 27. 꼭 필요한 옷을 입는 방법 · 215

팔기 쉬운 상품을 개발하라
CHAPTER 28. 조금씩 시도해 보라 · 219
CHAPTER 29. 나쁜 상품을 팔고 있다면 훌륭한 고객응대도 효과가 없다 · 226

타인의 아이디어를 점차로 받아들여라

CHAPTER 30. 개량하면 되는데 왜 처음부터 다시 시작하는가? · 237
CHAPTER 31. "모르는 것이란 아직 읽은 적이 없는 역사이다" · 244

고객에 대한 메시지

CHAPTER 32. 광고의 말투는 소프트하게, 그러나 메시지는 명확하게 · 251
CHAPTER 33. 판촉 프로그램에는 스토리가 있어야 한다 · 256

고객을 다시 불러들여라

CHAPTER 34. 33만 2천 달러의 고객 · 263
CHAPTER 35. 실수를 용서받으려면? · 268
CHAPTER 36. 제3자 기관으로부터 체크를 받아라 · 271

후기 · 276
역자후기 · 278

서 문

톰 피터스(Tom Peters)

이것은 예사롭지 않은 책이다. 저자는 고객이 정말로 무엇을 구하고 있는가를 알려면 어떻게 하면 좋은가 하는 문제를 4장에 걸쳐서 논한 다음, 손님용 화장실의 중요성, 손님에게 호감을 살 수 있는 수리나 수선의 예약방법, 자기 회사의 점내 표시에 대해서 각각 한 장을 할애해 상세하게 설명했다.

저자는 1968년에 연간 매상액이 1천만 달러였던 회사를 오늘날 연간 매상액 2억5천만 달러로 신장시키고, 이익도 똑같이 높은 비율로 확대시켜온 칼 소웰(Carl Sewell)이다. 그의 회사는 캐딜락, 현대, 렉서스, 시보레 자동차를 취급하는 카 딜러이다. 소웰 사의 고객만족도는 육상경기로 말하면 1마일 3분3초라고 하는 초인적인 기록으로, 더구나 항상 톱을 달리고 있을 뿐만 아니라 기록갱신을 계속하고 있다.

이 책에서 저자는 놀랄 만한 일을 태연스럽게 지적하고 있다. 즉, 친구라면 돈을 받지 않을 서비스를 손님에게 해준 경우에는 돈을 받지 말라(예를 들면 연중무휴 24시간 서비스의 기술자를 한밤중에 달라스 공항으로 파견해서 손님의 부서진 시동 키를 무료로 수리하는 등의 서비스). 비즈니스의 모럴에 대해서도 "이것을 하면 내일자 조간 신문의 톱기사에 어떻게 보도될까?" 하고 자문하라는 것이다.

과연 정말일까 하고 생각될 정도의 말로 저자는 말한다. 정평이 나 있는 그의 입사시험에서는 합격의 여부가, 응모자가 면접하는 동안 침착성을 잃고 불안해하느냐 아니냐로 정해진다. 그는 정력적인 인간을 좋아하는 것이다. 면접하는 동안 조용히 앉아 있는 응모자는 당장 실격이 된다.

칼 소웰은 오랫동안 카 딜러로서의 서비스 기준을 확립해 왔다. 그것은 토요일 영업과 자동차를 수리하고 있는 동안 고객에게 빌려줄 자동차를 몇 대 준비하는 것에서부터 시작되었다. 현재 캐딜락의 딜러만도 빌려줄 자동차가 150대나 준비되어 있다(현대에도 빌려줄 자동차가 완비되어 있다).

그러나 그는 결코 과거의 영예에 만족하는 사람이 아니다. 이러한 서비스에 더해서 캐딜락과 렉서스 두 부문에서는 최근에 모든 세일즈맨에게 조수를 붙였다. 조수는 대차를 고객의 집에 가져다주고, 수리나 튠업이 필요한 차를 인수해 오는 것이다.

시의 청소 서비스가 충분하지 않기 때문에 소웰은 점포 앞의 도로를 깨끗이 하기 위해서 도로 청소차를 구입했다(첫인상은 특히 중요한데, 종종 무시되고 있다고 그는 생각했다). 그리고 딜러 중 하나에 레스토랑을 열었다. 이것은 수리가 끝날 때까지 가게에서 기다리는 손님들이 이용하게 하기 위한 것이다.

그밖에 최고의 고객 서비스를 하는 것이 기업에 어떤 메리트를 가져다주는가를 이 책은 가르쳐준다. 더구나 그의 어프로치는 캐딜락과 렉서스의 딜러뿐만 아니라 현대와 시보레의 딜러에게도 적용할 수 있다. 그가 그렇게 말하는 것은 아니지만 내 의견으로는 그의 고객 서비스는

20탁자의 레스토랑에도, 컴퓨터 메이커에게도 적용할 수 있는 것이다.

이 책에는 또 다른 측면도 있다. '스마일이 아니고 시스템을'이라는 장이 있다. 저자 소웰은 실수를 한 다음에 하는 손님에 대한 사죄의 중요성에 대해서 여러 페이지를 할애하고 있다. 그런데 그의 어프로치는 손님에게 "이럴 수가 있는가! 농담이 아니란 말이오!" 하는 말을 듣고 나서야 비로소 뭔가 해주어서는 안 된다고 말하고 있다. 사실 소웰은 자기 유의 컴퓨터 어플리케이션의 개척자이다.

그의 회사의 서비스맨은 일이 빠르다. 그것은 필요한 시간에, 필요한 장소에, 필요한 것이 항상 있기 때문이다. 그것은 철저히 고려된 재고관리 프로그램 덕택이다. 소웰의 넓은 주차장에서 고객의 자동차를 꺼내는 데 거의 시간이 걸리지 않는 것도 컴퓨터 시스템 덕분이다.

소웰은 그야말로 하나에서 열까지 측정한다(제18장 참조). 그는 모든 종업원을 측정하고 평가한다. 세차 담당자에 이르기까지 전 종업원은 커미션제의 보수를 받고 있다. 종업원의 보수에 상한선은 없다. 높은 보수를 받을 기회는 많지만, 그 한편으로 종업원에 대한 기대치도 높다. 소웰의 딜러는 일할 의욕이 없는 사람이 일하는 장소가 아니다.

저자 칼 소웰은 리더십에 대한 도전적인 충고를 하고 있다. 직업에 대한 비전의 설정으로부터 종업원의 성공을 축하하는 것의 의의에 대해서도 언급한다. 그는 성공의 비결은 훔치는 것이라고 공공연하게 떠든다.

그는 국내 최고라고 정평이 나있는 카 딜러를 방문하고, 그곳에서 배우고, 체계적인 프로그램을 만들어냄으로써 비약적인 성장을 이룩했다. 오늘날 그는 기분좋게 그에게 아이디어를 제공해준 매리오트 호텔, 아메리칸 항공, 맨션 앳 터틀 크리크, 처크 E. 치즈, 스튜 레너드,

니만 마커스 등의 기업, 그밖의 여러 사람들에게 감사하고 있다.

나는 칼 소웰이 폴 브라운의 도움을 얻어 쓴 이 책이 일에 대해 지나치게 간단하게 설명하고 있는 듯한 느낌이 들어서 조금 걱정이다. 솔직히 말하면, 예로 들고 있는 일화가 너무 재미있기 때문에 그것이 인재채용, 급여, 동기부여, 행동측정 프로그램과 같은 것에 대한 그의 이론적이고도 고도한 분석력으로부터 독자의 주의를 벗어나도록 하는 것이 아닐까 우려하는 바이다. 매일의 품질관리 회합, 실수 재발 방지를 위해서 문제의 패턴을 탐색하는 계획, 그리고 일본의 품질관리를 마스터하기 위한 아낌없는 노력(그는 일본 제조업의 품질관리 아이디어를 서비스업에 적용한 선구자라고 할 수 있다)을 고려하지 않고, 캐딜락 판매점의 화장실을 장식하는 한 두루마리에 250달러나 하는 벽지만을 흉내내면 헛일이다.

이 책은 친구하기 쉽고, 읽어서 즐거운 동시에 수준이 높고 깊이가 있는 내용의 책이라고 말할 수 있다. 말은 비록 평이하지만 그 메시지는 결코 쉽지가 않다.

또 한 가지 내가 걱정하는 것은 많은 독자들이 이 책을 '자동차 판매에 관한 책'으로 파악하는 것이 아닐까 하는 것이다. 그의 명예를 위해서 말하겠는데, 칼 소웰은 미국의 재정적자라든가, 교육의 위기라든가, 콜라 전쟁에 대해서 아는 체하고 논하는 타입의 비즈니스맨이 아니다. 그는 카 딜러로서의 자신의 경험에 압축해서 얘기를 하고 있다. 그러나 나는 비즈니스맨이라면 누구라도, 어떤 업종이라도 이 책에서 어떤 가치있는 정보를 얻을 수 있을 것이라고 확신한다. 그래서 휴레트 패커드 사나 애플 사에 근무하고 있는 친구, 혹은 소매업을 하는 친구나 은행원, 목사에게까지 나는 이 책을 선사하려고 생각한다.

이 책의 근저에 깔려 있는 것은 완성된 하나의 경영학 및 고객 서비스 이론이어서, 어떠한 기업이나 조직체의 활성화에도 도움이 될 것이다. 아무튼 쓴웃음을 짓거나 깊이 생각에 잠기거나 하면서 읽어나가주기를 바란다. 그리고 즉시 행동을 일으켜주기를 바라마지 않는다.

고객 서비스 10계명

1 고객을 다시 불러오라.

무엇을 필요로 하는지 고객에게 물어서 몇번이고 처리해주라.

2 스마일(웃는 얼굴)이 아니라 시스템을!

"어서 오십시오." "감사합니다." 하는 말들은 처음이나 언제나 당신의 임무를 적절히 수행하는 데 도움이 되지 않는다.

3 청구는 항상 견적서 이내로.

고객은 당신이 약속을 지키기를 기대하고 있다. 그 이상을 실행하라.

4 고객에게 무엇을 의뢰받으면 대답은 항상 "예스" 그것뿐이면 된다.

5 검사책임자와 고객 서비스 부문을 해고하라.

고객과 접촉하는 종업원은 전원 불만처리 계원이 되어야 한다.

6 아무런 불만이 없다?

그것은 어딘가가 이상하다. 어디가 잘못되어 있는가를 고객이 말할 수 있도록 자극하라.

7 모든 것을 측정하라.

야구 팀은 하고 있다. 축구 팀도 그렇다. 농구 팀도 그렇게 하고 있다. 그렇다면 당신도 그렇게 해야 한다.

8 불공평한 월급제도를 중지하라.

능률급은 사원에게도 회사에도 플러스가 된다.

9 어머니 말씀을 따르라.

매너가 중요하다. 예의바른 것이 대인관계의 기본이다.

10 일본인을 배워라.

1등한테 배우고 익혀라. 그리고 추월하라.

경고 : 이익을 내지 못하는한 이 10계명은 아무 도움도 되지 않는다. 돈을 벌어서 기업이 존속되지 않는 한 고객 만족은 있을 수 없다.

우선 처음에 생각해야 할 일 :
제공할 서비스의 레벨을 똑바로 정한다

일본인은 손님을 대접하는 데 있어서 타의 추종을 불허한다. 최근에 도쿄 모터 쇼 때문에 도쿄에 체류하는 동안 내가 만났던 사람은 모두 대단히 예의바르고, 마음의 배려가 세밀한 사람들이었다. 나는 일본인의 용감무쌍한 비즈니스 방식과 정중함이라는 이 상반된 성격을 어떻게 생각해야 좋을지 알 수가 없었다.

토요타의 전시 코너에서 젊은 일본인 엔지니어로부터 토요타의 목표는 '1등'이 되는 것, 즉 최대이고 최고라는 말을 들었을 때, 마침내 '이것이로구나!' 하고 생각했다.

나는 일본 국내 어디를 가나 이 문구를 되풀이해서 듣게 되었다. 예를 들면, '이것은 세계 최대의 은행', '저것은 최대의 증권회사'라는 얘기를 들으면서 나는 '세계 최대의 모터 쇼'를 보러 갔던 것이다.

달라스에서 태어나 달라스에서 자라난 나는 '최대, 최고'라는 말은 텍사스인에게만 허용된 특권이라고 생각했다. 그러나 이미 그 특권은 텍사스인만의 것이라고는 할 수 없게 되었다. 기껏해야 최대, 최고의 것도 있다고 말할 수 있을 정도다. 일본인은 넘버 원(1등)을 목표로 노력하고, 넘버 원에의 추구가 일본인의 행동 전부를 지배하고 있는 것 같았다. 그리고 그 결과 일본인은 우리들로부터 넘버 원의 지위의 일부를 빼앗아가 버린 것이다. '1등'이란 일본인의 성공에 있어서 불가결한 것이다. 그리고 또 우리들 미국인에게도.

나의 다섯 개 자동차 대리점에서 해온 가장 중요한 일이란 '최고를 목표로 하는 것'이었다. 일본에서 새로운 친구와 만나기 훨씬 전부터 '1등'의 개념은 나에게 중요했다. 나는 줄곧 그것을 생각해 왔다.

1967년에 나는 군대에서 제대하고 집에 돌아와 부친이 경영하는 소웰 빌리지 캐딜락에서 일하기 시작했다. 그 무렵 달라스에는 캐딜락 딜러가 단 세 군데밖에 없었고, 우리 회사는 매상에서도 이익에서도 제 3위에 만족하고 있었다. 그것은 나로서는 견딜 수 없는 일이었다. 나는 '1등'이 되고 싶었다.

지금 와서 생각해 보면, 1등이 되려는 결심이 우리 회사의 전환점이 되었다. 좋은 고객 서비스를 제공하려고 생각하기 전에, 자기 자신이 어느 정도 좋은 서비스를 하고 싶은가를 정해야 하는 것이다. 그리고 우리 회사는 최고의 고객 서비스를 하기로 했다.

이 결심은 결국 생활을 보다 심플하게, 그리고 보다 즐겁게, 더구나 확실하고 풍요롭게 만들게 되었다.

'보다 심플하게'라는 면에서 우선 우리 회사는 다람쥐 쳇바퀴 돌듯 하는 토론을 그만두었다. 문제는 결국 하나의 의문에 대답하기만 하면 되니까. 즉, "이것은 당사를 보다 좋게 하는 것일까?" 만일 좋게 하는 일이라면(그리고 그것이 실행가능하다면) 할 수밖에 없다. 그렇지 않다면 그만두자. 이것이 심플하다고 하는 의미이다.

'보다 즐겁게'라는 것은 똑같은 목적을 갖는 사람들과 함께 일을 해야 즐겁다는 의미이다. 베스트(최고)를 지향하지 않는 사람들은 당사에 오래 있을 수가 없다.

그리고 '보다 풍요하게'라는 것은, 우리들이 고객을 무척 소중히 여기기 때문에 고객도 또한 찾아오려고 생각하고, 따라서 매상이 늘어난다는 의미이다. 자동차 한 대를 사는 것만으로 영구히 사라져버리는 고객이 아니라, 우리 회사의 고객은 새 자동차가 필요하게 될 때마다 돌아오는 것이다. 한 사람의 고객은 일생에 33만2천 달러라는 큰돈을 우리 회사의 딜러에 쓰고 있다.

얼마쯤 지나자, 이 비즈니스 스타일은 그 스스로가 자연히 움직이기 시작했다.

＊ 고객에게 잘 대해줌으로써 고객은 그 세일즈맨이 좋아지고, 고객은 몇번이고 다시 찾아온다.

＊ 고객은 그 세일즈맨이 마음에 들면 좀더 많은 돈을 쓴다.

＊ 고객이 좀더 많이 돈을 쓰면, 그 세일즈맨은 고객을 좀더 소중히 대한다(실제로 33만2천 달러나 지불해주는 고객이라면 아무리 소중히 대해도 과하다고는 할 수 없을 것이다).

＊ 고객을 좀더 소중히 대하면 다시 찾아오고, 이런 굴레는 다시 회전하기 시작한다.

나에게 고객의 참다운 가치를 수치화해서 생각하는 법을 가르쳐준 사람은 톰 피터스이다. 그는 우리 회사가 이 방침을 관철하여 고객에게 좀더 접근해야 한다고 되풀이해서 주장했다.

그러나 우리 회사가 그것을 어떻게 해야 하는가를 깨닫는 데는 한참이 걸렸다. 당초 내가 생각하고 있던 것은, 달라스에서 최고의 카 딜러가 되는 것뿐이었다. 그러기 위해서는 어떻게 해야 하는가? 즉시 머리에 떠오른 것은 다른 카 딜러와의 차별화였다.

최초에는 다른 어느 대리점보다도 싸게 파는 것을 생각했다. 그러나 많은 사람들은 싸기만 해서는 자동차를 구입하지 않는다. 물론 누구나 좋은 물건을 사고 싶어하지만, 가격이 싸다고 해서 사는 것은 아니다. 레스토랑에 갔을 때에 햄버거가 정확하게 얼마였던가를 기억하고 있는 사람은 몇 명 안 된다. 그것보다는 자신의 입맛에 맞았던가 아닌가 만을 기억하게 되는 법이다.

또 한편, 우리 회사는 가격만으로는 경쟁을 할 수가 없었다. 아무리 싸게 판다고 해도, 누군가 머리가 좋은 사람(보다 효율이 좋은 방법을 짜내서 가격을 내린다), 혹은 바보스러운 사람(코스트를 생각하지 않고 가격을 내린다)이 항상 좀더 싼 가격을 매기는 법이다.

가격은 해답이 되지 않는다. 그래서 나는 다른 해결책을 구했고, 그리고 그것을 발견했다. 즉, 고객의 눈으로 회사를 보는 것이다. 나는 그곳에서 많은 사람들이 카 딜러와 상종하고 싶어하지 않는다는 것을 깨달았다. 마치 치과의사에게 가는 것처럼, 그러니까 필요할 때만 카 딜러를 찾아가면 된다고 생각하는 것이다.

그런 사실은 나도 직관적으로 알았지만, 그 이유까지는 알 수가 없었다. 그래서 그 이유를 고객에게 묻는 일부터 시작했다. 그러자 고객은 솔직하게 대답해주었다.

우선 영업시간이 문제였다. 보통은 월요일부터 금요일 오전 8시부터 오후 5시까지만 하는데, 이것이 불편하다는 것이다. 또 종업원의 태도가 실례투성이였다. 수리기간 중에 자동차가 없는 것은 곤란하다. 그리고 최악인 것은, 수리를 했는데도 두세 번씩이나 다시 수리를 하러 가지 않으면 안 되는 것 등이었다.

개중에는 점포바닥이 더럽다든가, 가게의 집기들이 너무 낡았다든가, 의자의 앉음새가 편하지 않다는 사람도 있었다.

고객이 우리 회사의 개선해야 할 점에 대해서 정확하게 가르쳐주었다고는 말할 수 없지만, 적어도 고객이 무엇을 좋아하지 않는지에 대해서는 대충 분명해졌다.

그리고 또 무엇이 중요한가를 가르쳐주었다. 고객이 뛰어난 서비스에 대한 정의를 부여해주었던 것이다.

고객이 요구하는 것을 알았기 때문에 나는 우선 그것을 제공하기 위해 노력했다. 고객이 가게에 들어와 미간을 찌푸리는 대신에 우리 회사와의 접촉을 좋아하게 된다면 아마 다시 찾아올 것이며, 더군다나 좀더 빈번하게 찾아올 것이라는 사실을 나는 깨달았다.

나는 수리기간 동안에 고객에게 차를 빌려주는 일부터 시작했다. 처음 5대부터 시작했는데, 지금은 대차가 257대가 된다.

고객은 또한 왜 토요일에 영업을 하지 않는지 납득할 수 없다고 말했다. 다른 업종은 영업을 하기 때문이다. 1970년대 초에 미국에서 토요일에 종일 영업을 하고 있는 카 딜러는 없었다. 우리들이 토요영업을 시작한 최초의 주말에 25명의 손님으로부터 토요일에 문을 열어줘서 고맙다는 인사를 받았다. 고객을 위해서 우리들은 주말 영업시간도 연장하기로 했다. 현재 오전 7시 30분부터 오후 8시까지 영업하고 있다.

그러나 고객의 요망사항 중 몇 가지는 달성이 곤란한 것이었다. 일을 정확하게 했는지 안 했는지를 확인하기 위해서는 어떻게 하면 좋은가? 고객이 점포에서 기다리는 시간을 난축하려면 어떻게 하면 좋은가? 고객과 접촉하는 데 일어날 수 있는 갖가지 문제를 될 수 있는 대로 줄여나가려면 어떻게 하면 좋은가?

우리 회사로서는 이러한 문제를 해결하기 위한 시스템을 만들 필요가 있다고 생각했다. 하지만 어떻게? 나는 생각해낼 수 있는 한의 모든 자료를 뒤져서 그 해답을 얻으려고 노력했다. 컨설턴트, 책, 잡지 등등. 그러나 결국 성공한 회사를 방문해서 그 비결을 탐색해내는 것이 제일 빠른 길이라고 생각했다. 그래서 자동차 메이커를 찾아가 로저 펜스크(Roger Penske)나 밥 무어(Bob Moore) 같은 사람을 만나거나, 또 호텔 산업(매리오트 호텔과 맨션 앳 터틀 크리크)으로부터 레스토랑 산업(맥도널드나 루테스), 항공회사(아메리칸 항공이나 사우스웨스트 항공)에 이르기까지 두루 찾아다녔다. 나는 이러한 기업이 어떻게 상품의 품질의 일관성을 유지하고 있는가, 또 어떻게 뛰어난 고객 서비스를 제공하고 있는가, 그 노하우를 알고 싶었던 것이다.

다음으로 우리 회사와 마찬가지로 자동차 판매에 종사하고 있는 사람들을 만났다. 자동차 산업계의 많은 사람들을 만나서 최고의 카 딜러는 누구냐고 물었다. 실제로 대리점을 돌아다니며, 그곳에서 일하는 사람들과 얘기를 나누는 사이에, 차츰 최고라고 일컬어지는 딜러가 점포를 어떻게 운영하고 있는지를 이해하기 시작했던 것이다. 나는 질문하고, 사진을 찍고, 손에 넣을 수 있는 자료는 모조리 복사했다.

이렇게 해서 많은 아이디어를 차용하고, 우리 회사에 맞도록 조정하고, 또 몇가지는 개선했다. 기본적인 사고방식은 실제로 방문하고, 만나서 얘기를 들은 사람들로부터 얻은 것이었다. 이러한 아이디어들은 우리 회사가 나아갈 길을 보여주는 지침이 되었다.

마침내 우리 회사의 독자적인 시스템에 의해서 프로그램을 스타트시켰다. 이것에 의해서 일이 제대로 행해지고 있는지 아닌지를 갖가지

면에서 체크할 수가 있고, 목표를 달성하고 있는지 아닌지를 알 수 있게 되었다. 1등이 되기 위해서는 고객에게 무엇을 원하고 있는가를 묻고, 그것을 제대로 제공할 수 있는 시스템을 만들어야 한다.

이것은 도저히 믿을 수 없을 정도로 곤란한 일이다. 사람들을 방문하는 것만으로도 수많은 시간이 소요되는 데다가, 그 사람들의 아이디어를 자기 것으로 소화하는 데는 훨씬 더 많은 시간이 걸린다. 그러나 일단 목표를 '1등'이 되는 것에 두기만 한다면, 벌써 그때부터 올바른 길을 걷기 시작한 것이다.

우리 회사가 어떻게 비즈니스를 진행하고 있는가를 가르쳐주고 싶다. 그것은 대기업에게나, 신규 기업에게나 틀림없이 도움이 될 것이다. 만일 우리 회사의 고객 서비스 향상에 대한 어프로치가 카 딜러로 찾아가는 것을 즐거운 일로 바꿀 수 있다면, 그것은 어떤 일에도 적용되는 것이다.

ONE

무엇을 원하는지 고객에게 물어라

······그리고 그것을 주라

CHAPTER 1

어떤 서비스를 하면 좋은가는 고객이 가르쳐준다

우리 회사에서는 어떤 일에 대해서나 당연한 일이라고 정해놓고 일을 하지는 않는다.

예를 들면, 고객이 들어오면 30초 이내에 인사하라거나, 혹은 전화는 벨이 두 번 울리기 전에 받아라와 같은 규칙은 일체 채용하고 있지 않다. 이와같은 규칙은 고객이 원하는 것을 모조리 알고 있다고 생각하는 사람들이 만든 것이다.

우리 회사에서는 어떤 일도 추측을 통해서 하지는 않는다. 그 대신 고객이 원하는 것을 찾아내는 것이다. 고객과 얘기를 할 기회가 있고, 고객의 소리에 귀를 기울일 마음만 가지고 있다면, 무엇이 고객에게 중요한가는 고객이 정확하게 가르쳐줄 것이다.

우리 회사의 비즈니스에서는(소매업에 대하여 공통적으로 말할 수 있는 일이지만) 고객은 문을 들어온 순간에 판매원으로부터 '공격'받는 것을 싫어한다는 것이 상식으로 되어 있다. 사실 우리 회사의 컨설턴트는 5분 동안은 고객에게 전시실을 보고 다닐 시간을 주라고 말한다. 말을 걸기 전에 '점포의 분위기에 익숙하게 하기' 위해서이다. 나는 이것을 엄격하게 지키고 있는 카 딜러를 몇 명이나 알고 있다.

그러나 카 딜러로서의 내 경험으로는 우리 회사의 세일즈맨이 너무 공격적이라고 하는 불만을 들은 적이 한 번도 없다. 아니, 오히려 세일즈맨이 고객에게 충분히 신경을 쓰지 않는다는 불만을 토로하는 투서를 산더미처럼 받았다.

요컨대 컨설턴트들이 말하는 '고객에 대한 올바른 인사법'과 같은 것이 조금도 도움이 되지 않는다는 얘기다. 대답은 오직 한 가지 '고객이 무엇을 원하고 있는가'이며, 그리고 그것을 정확히 알 수 있는 유일한 방법은 고객에게 그것을 물어보아야 한다는 것이다.

우리 회사가 발견해낸 고객의 마음을 알기 위한 방법은 이렇다.

첫째로, 고객은 수리가 끝나고 지불을 할 때, 계산대에서 위와 같은 앙케이트 용지를 받게 된다.

질문은 세 가지인데, 어느 것이나 고객이 귀찮아하지 않도록 짧게 만들어 놓았다.(그러나 비록 세 가지의 질문이라 하더라도 여기에서 배우게 되는 것은 크다. 더구나 이들 세 가지 질문은 거꾸로 회사에서 고객에게 많은 정보를 제공해줄 수 있다는 사실도 아래에서 설명하기로 하겠다.)

질문 1을 묻는 이유는 고객이 우리 회사의 일에 대해서 실제로 지불한 요금에 버금간다고 생각하지 않는다면, 아무리 좋은 일을 해도 우리 회사는 평가받지 못하기 때문이다.

질문 2는 우리 회사가 약속을 정확히 지켰느냐 아니냐를 확인하기 위한 것이다. 이쪽에서 약속한 시간대로 수리가 이루어졌는가?

마지막의 질문 3은 같은 수리를 재차 하지 않으면 안 되었는지 어떤지를 알아보기 위한 것이다.

이들 세 가지 질문은 모두 서비스 업무의 중핵이 되는 것이며, 조금만 바꾸면 거의 모든 종류의 비즈니스에서 물어보아야 할 설문이다. 광고대리점을 예로 든다면, 질문은 이렇게 바뀔 것이다. 1. 캠페인은 예산 내에서 행해졌는가? 2. 스케줄대로 진행되었는가? 3. 결과는 좋았는가?

광고를 취급하든지 자동차를 판매하든지 성공의 비결은 이들 세 가지 사항이 고객에게 가장 중요한 사항이라고 인식하는 데 있다.

고객에게 무엇이 중요한가를 알고 나면, 다음으로 우리 회사에서 그것을 제공하고 있는가 아닌가를 확인하지 않으면 안 된다. 그래서 우리 회사에서는 그것을 측정한다.

만일 고객이 예상보다 비싼 요금을 지불했다고 생각한다면, 또 미리 약속한 기일대로 수리가 이루어지지 않았다면, 같은 종류의 수리를 위해 두 번이나 혹은 세 번 찾아오지 않을 수 없었다고 한다면, 우리 회사는 고객이 만족할 만한 일을 하지 않은 것이 된다. 그것을 깨닫지 않으면 안 된다. 고객이 우리 회사가 좋은 일을 하고 있지 않다고 말하면 그 자리에서 사과를 한다. 만일 요금이 지나치게 비싸다든가 수리에 문제가 있다고 한다면, 경리직원은 매니저를 부른다. 매니저는 즉각 달려와서 사죄하고, 당장 재수리에 대한 수배를 한다.

그러나 대개의 경우, 우리들은 좋은 일을 하고 있기 때문에 이쪽에서 그렇게 말하지 않더라도 이 질문은 고객에게 우리 회사는 좋은 일을 하고 있다는 것을 거꾸로 재인식시키게 된다. 질문에 대답하는 것에 의해서 고객은 요금이 예상보다 '쌌다'는 것, 또 약속대로 수리가 '이루어졌다'는 것, 수리는 '한 번으로 완벽했다'는 것을 다시 한번 인정하게 되는 것이다.

그리고 이 질문으로 우리 회사가 진심으로 고객에게 마음을 쓰고 있다는 것을 강조하는 셈이 된다.

설문지의 마지막 줄에서 고객은 우리 회사가 1911년 이래 계속된 실적을 갖고 있다는 것을 보았을 것이다. 솔직히 말해서 그것을 평가해 주는 사람은 그다지 많지 않다. 대부분 사람들의 관심사는 "최근에 나에게 무엇을 해주었는가?"일 것이다.

우리들은 이 역사를 자랑으로 삼고, 또한 우리 아버지가 창업한 이 회사를 긍지로 삼고 있다. 손님들이 우리 회사의 75년 이상이나 되는 실적을 알게 된다면, "만일 나에게 어떤 문제가 생겨도 이 회사 사람들은 언제나 그곳에 있어줄 것이 틀림없다(쉽게 말해 폐업하지 않을 것이다)."고 생각할 것이다.

설문지에는 질문에 대한 대답 외에 고객의 의견을 쓰는 공백도 만들어 놓았다.

또한 청구서에 고객 서비스 조사용지가 동봉되어 있고, 그곳에는 49개 항목의 질문이 씌어 있다. 좀더 의견을 말하고 싶은 손님에게는 그것을 이용하도록 하고 있다. (본장 뒤에 첨부한 앙케이트 참조)

(오랜 동안에 걸쳐서 우리 회사는 면밀하게 신차 구입자에 대한 조사를 해왔지만, 중고차 구입자의 요망에 대해서는 조사해 보지 않았다. 이것은 실패였다. 중고차 구입자들이 33만2천 달러의 잠재고객이라는 점에서는 신차 구입자와 조금도 다름없이 중요한 것이다. 하긴 이 고객층을 간과하고 있었던 것은 우리들뿐만이 아니었다. 앞으로는 중고차 구입자도 대상으로 삼기로 했다.)

고객에게 요망사항을 묻는 것은 중요하다. 그러나 그럴 경우에는 공손하게, 더구나 대답을 강요하는 것 같은 태도는 취하지 말라. 앙케이트 조사에서는 고객에게 대답할 마음이 없을 때 거부할 수 있는 제시 방법을 택하지 않으면 안 된다.

이런 종류의 조사는 절대로 대답하는 쪽의 임의에 의한 것이어야 한다. 고객의 자택에 전화를 걸어서 이와 비슷한 조사를 할 수도 있지만 나는 그러한 전화는 좋아하지 않는다. 예를 들면, 그러한 전화는 항상 저녁식사를 하는 도중이라든가, 아이들과 야구를 즐기고 있을 때에 걸

려오는 법으로, 나는 그것을 싫어하며 고객도 나와 마찬가지로 느낄 것이기 때문에 나는 전화로 조사하지 않는다. 그 대신에 고객 자신이 대답할 생각이 있으면 기입해서 반송할 수 있는 앙케이트를 건네주고 있다. 고객들 중 35퍼센트가 앙케이트의 49개 항목의 질문에 대답을 기입해서 되돌려 보내준다. 만약 대답하고 싶지 않으면 휴지통에 버리면 되는 것이다.

어쨌든 고객을 귀찮게 하고 싶지는 않다. 고객의 생각을 이쪽으로 전달할 기회는 모두 제공하고 있으나, 모두 고객의 임의대로 한다. 특별히 전달하고 싶지 않으면 그것으로 끝나는 것이고, 전달하고 싶으면 고객이 될 수 있으면 용이하게 전달할 수 있도록 노력한다. 우리 회사에서는 현금출납계에서 세 가지 질문에 대답할 기회를 제공하고 있으며, 보다 상세한 앙케이트도 제공하고 있다. 그 밖에 좀더 전달하고 싶은 의견이 있으면, 소수의 사람들을 모아놓고 자유롭게 의견을 발표하게 하는 〈포커스 그룹〉 조사에 참가하도록 권유하고 있다.

이 〈포커스 그룹〉에 대한 아이디어는 스튜 레너드 부자한테 직접 배운 것이다.

〈포커스 그룹〉은 대단히 효과적이다. 기업이 얼마나 능률적으로 비즈니스를 하고 있느냐에 대한 체크이다. 왜냐하면 고객이 그 기업과의 거래를 바람직하게 생각하고 있는지 아닌지를 고객에게 묻는 일이기 때문이다. 기업이 생각하고 있는 것 전부를 실제로 고객에게 제공하고 있는가, 혹은 전혀 깨닫지 못했던 점에서 실패하는 것은 아닌가?

우리 회사가 이것을 활용하는 이유는 그밖에 또 있다. 〈포커스 그룹〉은 항상 실태파악을 하게 해주기 때문이다.

개업 당초에 점포가 한두 개라면 "경영자가 점포를 걸어 돌아다닌다."(MBWA = Management By Wandering Around)는 것이 대단히 효과적이라는 것을 알았다. 무엇이 일어나고 있는지 자신의 눈으로 직접 볼 수가 있기 때문이다.

그러나 점포수가 많아지면 그렇게 할 수 없다. 각 점포를 둘러보면서 걷는 데 충분한 시간을 가질 수 없기 때문이다. 그래서 〈포커스 그룹〉과 같은 다른 정보 소스를 가질 필요가 생긴다.

〈포커스 그룹〉의 운영방식은 매우 간단한 것이다. 10명에서 12명의 고객을 한 방에다 모아놓고, 본인이나 지배인 가운데 누군가 한 사람이 우선 우리 회사와의 거래를 계속 해나가고 싶은지 아닌지를 묻고, 우리 회사의 장점과 단점은 무엇인가 등을 물어본다. 그 다음에는 특별한 분야로 초점을 좁혀 나간다. 어떤 때는 서비스에 관한 질문을 10가지쯤 한다(고객 서비스 앙케이트의 49개 항목의 질문에서 고른 것이다). 또 어떤 때는 세일즈맨에 대해서 얘기를 나눈다. 세일즈맨은 신뢰할 수 있었습니까? 당사의 상품에 대해서 충분한 지식을 갖고 있었습니까? 당신의 담당자는 구입하고 나서 2주일 이내에 상품이 마음에 드는지 어떤지 확인하는 전화를 걸어왔습니까?

전부해서 한 시간 반 가량 〈포커스 그룹〉의 참가자들과 얘기를 나눈 뒤 인사를 하고, 돌아갈 때는 크로스 펜 세트를 건네주곤 한다. 그러면 고객은 기분좋게 참가해 준다.

참가자를 선정할 때에는 고객의 대표가 될 수 있는 사람인가, 또는 우리 회사의 고객으로서 적절한 사람인가를 확인한다. 고객의 생각을 정확히 파악하기 위해서 각 테마에 대해 각각 4~5개 그룹의 〈포커스 그룹〉을 운영하고 있다.

〈포커스 그룹〉을 갓 시작했을 무렵, 나는 결과에 대해서 회의적이었다. 특히 회사 측의 사람이 동석해 있을 때에 사람들은 회사를 비난하는 말은 전혀 하지 않을 것이라고 생각했다. 그러나 나는 잘못 생각하고 있었다. 참가자가 많기 때문에 안심하고 노골적으로 말을 했다. 방 안에 많은 사람이 있으면 회합이 진행됨에 따라 솔직한 발언이 나오게 되는 법이다. 한 시간이나 한 시간 반 뒤에 돌연 누군가 "사실은……." 하고 끄집어내고, 그때부터는 '진실한 소리'를 듣게 된다.

물론 때로는 거창한 소리를 하는 사람도 있다. 그런 사람에 대해서는 통계론적인 관점에서 대응한다. 만일 1백 명의 사람들과 얘기를 나눈다면, 반드시라고 해도 좋을 정도로 극단적으로 우측이나 좌측으로 기울어진 의견을 말하는 사람이 있는 법이다. 그러나 그것으로 좋은 것이다. 중요한 것은 언제나 "중간 입장에 있는 고객이 가장 민감한 반응을 보이는 부분은 무엇인가?"에 주의를 기울여야 한다는 것이다.

또 다음과 같은 것도 나는 배웠다. 대단히 강력한 의견이 나온 경우, 다수 의견이 아니라고 해서 무시해서는 안 된다는 사실이다. 포드 사가 〈토러스(Taurus)〉의 리서치를 했을 때, 그 디자인에 대해서 약 반수는 좋다고 말하고 약 반수는 싫다고 말했다. 최종 집계상의 수용도는 45퍼센트였다. 중요한 점은 거의 반수가 실제로 좋아한다고 말한 데 있다. 자동차 구입자로 보는 경우, 약 반수라고 하는 것은 엄청난 숫자이다. 그래서 포드 사는 생산을 결정했다.

이 사고방식을 보다 발전시키면 단 한 사람이 말한 의견이라도 경청할 값어치가 있다는 것이 된다. 우리 회사가 현대 자동차에 대해서 〈포커스 그룹〉을 운영했을 때, 한 고객이 우리 회사의 대차 프로그램은 완전히 틀렸다고 말했다. 왜냐하면, 이 사람이 자동차 수리를 맡겼을 때, 대차는 한 대도 없다고 말했기 때문이라고 했다. 그런 말을 하는 고객을 만난 것은 난생 처음이었으며, 제너럴 매니저는 맹세코 언제든지 대차를 쓸 수 있도록 한다고 말했지만, 그 고객의 말은 한결같았다. 나로서는 그 고객이 대차 건으로 거짓말을 할 리가 없다고 생각했다.

그래서 조사를 해보았더니, 제너럴 매니저가 몇 번씩이나 고객을 쫓아보낸 사실이 밝혀졌다. 대차를 늘리는 대신에 대차가 있을 때 다시 찾아와 달라고 말했던 것이다.

결국 나는 그 총지배인에게 배치전환을 명했다. 지금은 "현대(한국 현대 사의 승용차)의 대차가 있습니까?" 하고 고객이 물으면, 반드시 있다고 대답할 태세가 되어 있다.

고객은 진실을 얘기해주는 법이다. 49개 항목의 질문 앙케이트에 대답해주거나, 혹은 〈포커스 그룹〉에 참가하는 시간을 할애해주거나 하는 것은 고객이 자신의 의견을 전하고 싶은 마음이 강하기 때문이다. 우리 회사에서는 고객의 의견에 열심히 귀를 기울이고 있다.

앙케이트

.

1. 과거에 몇 번 가량 우리 회사의 서비스 부문을 이용했습니까?
   _____회
   최근에 당신이 서비스 부문을 이용했을 때 :
2. 서비스 부문의 장소를 찾는 데 힘이 들었습니까?
   예 _____ 아니오 _____
3. 서비스 에리어에 왔을 때, 즉시 누군가가 인사를 했습니까?
   예 _____ 아니오 _____
4. 서비스 리셉션 에리어에서는 어떤 식으로 응대를 했습니까?
   대단히 직업적이었다 _____
   어느 정도 직업적이었다 _____
   전혀 직업적이 아니었다 _____
5. 인사한 뒤 서비스 어드바이서가 상대를 할 때까지 어느 정도나 기다리셨습니까?
   _____ 분 정도
6. 서비스 어드바이서를 기다리는 시간이 길다고 느꼈습니까?
   예 _____ 아니오 _____
7. 서비스 어드바이서의 설명은 알아듣기 쉬웠습니까?
   예 _____ 아니오 _____
8. 요금의 견적을 냈습니까?
   예 _____ 아니오 _____
9. 완성예정일을 말했습니까?

예 _____ 아니오 _____

10. 소웰 빌리지에서는 지불에 대해 여러 가지 방법을 마련해두고 있는
데, 그것에 대한 설명을 했습니까?

예 _____ 아니오 _____

11. 서비스 어드바이서에 대한 만족도는 어떻습니까?

대단히 만족했다 _____

어느 정도 만족했다 _____

어느 쪽도 아니다 _____

약간 불만이다 _____

대단히 불만이다 _____

12. 만일 소웰 빌리지에서 신차를 구입하면 대차를 예약할 수 있다는 것
을 알고 계십니까?

예 _____ 아니오 _____

(아니오의 경우에는 질문 15로 가시오)

13. 대차 예약하는 수속을 알고 계십니까?

예 _____ 아니오 _____

14. 대차를 예약하셨습니까?

예 _____ 아니오 _____

15. 전번에 당신이 서비스 부문을 이용했을 때, 우리 회사의 서비스 차를
이용하셨습니까?

예 _____ 아니오 _____

(아니오의 경우에는 질문 19로 가시오)

16. 서비스 차의 청결함에 대해서 만족하셨습니까?

대단히 만족했다 _____

어느 정도 만족했다 _____

어느 쪽도 아니다 _____

약간 불만이다 _____

대단히 불만이다 _____

17. 서비스 차를 이용하기까지 얼마나 기다리셨습니까?

_____ 분 정도

18. 서비스 차의 운전사는 만족스러운 응대를 했습니까?

예 _____ 아니오 _____

19. 서비스 부문을 이용했을 때 당신은 대기실을 이용하셨습니까?

예 _____ 아니오 _____

20. 대기실은 청결했습니까?

예 _____ 아니오 _____

21. 좌석은 있었습니까?

예 _____ 아니오 _____

22. 수리완료의 연락전화는 걸어왔습니까?

예 _____ 아니오 _____

23. 문의전화에는 몇 번째 벨에 응답했습니까?

_____ 번째

24. 담당자로부터 손님에 대한 회답전화가 곧 있었습니까?

예 _____ 아니오 _____

25. 전화의 응대는 공손했습니까?

예 _____ 아니오 _____

26. 전화로 손님의 용건이 끝났습니까?

예 _____ 아니오 _____

27. 수리서비스에 가지고 갔을 때 한 번으로 완전히 고쳐졌습니까?

예 _____ 아니오 _____

28. 소웰 빌리지의 수리서비스에 대한 만족도는 어떻습니까?

대단히 만족했다 _____

어느 정도 만족했다 _____

어느 쪽도 아니다 _____

약간 불만이다 _____

대단히 불만이다 _____

29. 약속한 기일에 완성되었습니까?

예 _____ 아니오 _____

30. 지불창구에서 어느 정도 기다리셨습니까?

_____ 분 정도

31. 경리직원의 응대는 친절했습니까?

예 _____ 아니오 _____

32. 경리직원은 필요한 설명을 했습니까?

예 _____ 아니오 _____

33. 어떤 수리를 했느냐에 대해서 질문했을 때, 대답하던가요?

예 _____ 아니오 _____

34. 수리서비스의 실제 요금은 견적에 비해서 어땠습니까?

쌌다 _____ 같았다 _____ 비쌌다 _____

35. 당신이 알고 계시는 적용되어야 할 보증 전부가 이 수리에 적용되어 있었습니까?

예 _____ 아니오 _____

36. 요금을 지불한 뒤, 차가 나올 때까지 어느 정도나 기다리셨습니까?

_____ 분 정도

37. 경리직원은 어디로 차가 나오는가를 정확히 설명해 주던가요?

예 _____ 아니오 _____

38. 담당자는 손님의 차가 있는 곳에서 기다리고 있었습니까?

예 _____ 아니오 _____

39. 담당자는 친절했습니까?

예 _____ 아니오 _____

40. 담당자의 인상은 어떠했습니까?

대단히 좋다 _____

좋다 _____

보통이다 _____

나쁘다 _____

41. 담당자는 "고맙습니다." 하고 말했습니까?

예 _____ 아니오 _____

42. 서비스 동안에 우리가 당신의 차를 더럽혔습니까?

예 _____ 아니오 _____

43. 소웰 빌리지의 수리서비스에 대해서 어느 정도 만족하셨습니까?

대단히 만족했다 _____

어느 정도 만족했다 _____

어느 쪽도 아니다 _____

약간 불만이다 _____

대단히 불만이다 _____

44. 당신의 차는 소웰 빌리지에서 구입하신 것입니까?

예 _____ 아니오 _____

a. "예"라고 대답한 분에게 묻겠습니다만, 당신이 구입한 차는 신차였습니까, 중고차였습니까?

신차_____ 중고차 _____

b. 다른 회사에서 구입한 분에게 묻겠습니다만, 그것은 어느 딜러였습니까? _____

45. 당신 차의 모델은 무엇입니까?

19___ 년형

46. 소웰 빌리지의 서비스 부문 이용을 친구에게 권하고 싶으십니까?

예 _____ 아니오 _____

47. 당신의 담당 서비스 어드바이서의 이름은? _____

48. 금번의 내사 때 서비스 면에서 특히 뛰어난 사원이 있었다면 말씀해 주십시오. _____

49. 우리 회사의 어드바이서리 패널에 참가할 생각이 있으십니까?

예 _____ 아니오 _____

＊ 소웰 빌리지에서는 보다 좋은 서비스 제공을 명심하고 있습니다만, 어떻게 하면 좋은가에 대한 의견이 있으시면 기입해 주십시오.

_____

_____

_____

_____

소웰 빌리지의 서비스에 대한 앙케이트에 시간을
할애해주셔서 감사합니다. 우리 회사는 '100퍼센트 무결함,
시간약속 지키기'를 모토로 삼고 있습니다.

체크리스트

✔ 고객이 요구하는 것을 추측으로 결정해서는 안 된다. 고객은 자신이 원하는 것을 전하고 싶어한다.

✔ 고객이 그것을 전할 수 있도록 하라. 짧은 앙케이트를 만들라(질문은 5가지 이하, 가능하면 3가지). 질문내용은 자기 회사와의 거래에서 고객의 관점에서 보아 가장 중요한 부분으로 압축하라.

✔ 100퍼센트 회답을 얻는 간단한 방법은 지불할 때 짧은 조사를 행하는 것이다. 요금을 계산하는 동안에 고객은 질문에 대답할 수 있다.

✔ 고객을 난처하게 만들어서는 안 된다. 만일 앙케이트에 대답하고 싶지 않으면 대답하지 않아도 좋다고 설명하고 강요하지 말라. 밤에 자택으로 전화를 걸거나 점포 안에서 끈질기게 질문하거나 해서는 안 된다. 고객의 의견을 듣는 것의 진정한 의미는 고객이 귀사와의 거래를 기뻐하는 장을 만들어내는 데 있다는 것을 잊어서는 안 된다. 만일 고객이 귀찮다고 느낀다면 절대로 고객은 거래하지 않을 것이다.

CHAPTER 2

고객이 무엇인가를 부탁하면 대답은 언제나 "예스"

우리 회사의 기업이념은 돈 이상의 가치가 있다는 사고방식을 고객에게 이해시켜야 한다. 우리 회사의 딜러가 자동차를 가장 싸게 파는 것은 아니기 때문에 성공하기 위해서는 다른 '무엇인가'를 제공하지 않으면 안 된다. 그 '무엇인가'란 편리함이다. 우리 회사는 고객과 분쟁을 일으키지 않는다. 손님의 요망에는 무엇이든지 응하겠다는 태도이다.

"할 수 있겠느냐?"고 고객이 질문을 하면, 어떤 때라도 대답은 "예스"인 것이다. 그리고 자동차 안에 열쇠를 남겨둔 채 문을 잠가버렸다든가, 펑크가 났다든가 해서 전화로 도움을 청해 왔을 때는 "당장 가겠습니다!"가 우리 회사의 대답이다.

자동차를 팔고 있으니까 손님 집의 페인트를 칠한다든가, 창문을 닦는 일 같은 것은 하지 않지만, 자동차에 관한 일이라면 어떤 요망이라도 우리 회사는 해결해주기 위해 노력한다. 가능한한 무엇이든지 고객의 힘이 되어주고 싶은 것이다.

내가 마음에 들어하는 실례를 하나 소개하겠다. 1년 중 반년은 달라스에서, 반년은 프랑스에서 사는 멋진 고객이 있는데, 작년에 파리에 있던 이 여성에게서 우리 회사에 전화가 걸려왔다. 지금 달라스로 돌아가려고 하는데, 그 전에 뉴욕에서 한동안 지내고 싶다. 하지만 뉴욕의 렌터 카는 모두 지저분하고 담배냄새가 배어 있기 때문에 이용하고 싶지 않으니, 달라스에서 렌터 카를 빌려서 뉴욕까지 가져다줄 수 없겠느냐고 물어왔다. 우리 회사에서는 "할 수 있고말구요!" 하고 대답하고, 실제로 실행했다.

만일 고객으로부터 무엇인가 해주겠느냐는 질문을 받으면, 대답은 항상 "예스"이다. 단 그것이 어떤 형태로든 귀사의 비즈니스에 관련되어 있는 경우에 한한다.

이런 얘기를 하면, 그것은 바보스런 짓이라고 말하는 사람도 있다. 이런 사람들의 말을 들어보면, 예를 들어 리무진을 매입한 손님을 위해 운전사를 물색해주기 위해 뛰어다닌다면, 우리 회사는 본업이 아닌 업무를 하는 셈이 된다. 그러나 그것은 잘못된 생각이다. 실은 우리 회사의 일이란 고객의 시중을 충분히 들어줌으로써 그 손님을 우리 회사의 평생단골이 되도록 만드는 데 있는 것이다.

밤 9시에 공항에 도착해서 자동차를 열려고 했을 때 열쇠가 부러져 버렸다고 하자. 아내에게 연락해 보았으나 외출중이다. 이럴 때는 어떻게 해야 좋을지 정말 난감하기 짝이 없다.

그래서 우리 회사의 점포에 전화를 걸었다고 하자. 우리 회사는 즉각 트럭을 파견한다. 기술자가 그 자리에서 열쇠를 만들어주고, "우리 회사를 기억해 주셔서 감사합니다!" 하고 요금을 받지 않고 떠난다. 그러면 누구나 우리를 쓸 만한 회사라고 생각해줄 것이다.

이러한 서비스에 대해 요금을 받는가?

때로는 받기도 하지만 대개는 무료로 봉사한다. 우리 회사의 기본 규칙은 만일 친구라면 요금을 받겠는가? 만일 열쇠를 차 안에 넣은 채 잠가버리고 친구에게 도움을 청했다고 했을 때, 과연 그 친구가 요금을 요구하겠는가? 아니다. 그러니까 우리들도 안 받는 것이다.

이것은 일반상식인데, 왜 이것이 경제적으로도 통용되는가를 생각해 보자.

공항에 나가서 고객을 무사히 자동차에 타게 하는 비용이 25달러라고 하자. 그렇다면 라디오의 상업광고 코스트를 생각해 보라. 달라스에서는 교통량이 피크인 시간대에는 인기 있는 라디오 방송국의 60초 광고가 7백 달러나 한다.

출장수리를 하는 경비 25달러로 나는 '평생 고객'을 얻을지도 모르는 것이다. 7백 달러의 라디오 광고로 나는 평생의 고객을 몇 사람이나 얻을 수 있겠는가? 28명을 얻고 싶다(700달러를 25달러를 나누어 28명). 라디오 광고에서 이와 똑같은 성과를 얻으려고 한다면, 그런 계산이 나온다. 그러나 한 번의 라디오 광고로 28명의 평생 고객을 얻지 못할 것은 뻔한 일이다.

그렇다면 무엇이든 다 무료란 말인가? 물론 그것은 아니다. 출장수리에서 배터리와 교류 발전기를 달아야 한다면, 우리 회사는 정규요금과 출장료를 청구한다. 그러나 무엇인가의 고장사태, 가령 시동 키가 부러진 경우라면 요금을 받지 않는다. 고객을 도와줄 뿐이다. 만일 고객을 도와줄 수 있다면, 그 고객은 몇번씩이고 우리 회사와 거래를 해줄 것이다.

체크리스트

✔ 고객이 "해줄 수 있습니까?" 하고 말했을 때는 어쨌든 "예스"라고 대답하라. 설사 그 손님의 부탁을 해결할 방법이 즉각 떠오르지 않더라도 대답은 우선 예스이다.

✔ 관심의 범위를 넓혀라. 당신이 잔디깎이 일꾼이라 치고, 고객이 좋은 정원사를 모르느냐고 물으면 찾아주라. 만일 당신이 호텔 직원이라면 숙박객의 자동차가 펑크나면 타이어를 교환해주도록 하라.

✔ '엑스트라' 서비스에는 가능하면 요금을 청구하지 말라. 만일 그것이 친구가 친구에 대해서 할 수 있는 일이라면 무료로 해줘야 한다. 걱정할 것이 없다. 장래에 좀더 큰 수확이 되어 돌아올 테니까 말이다.

CHAPTER 3

"시간이 지나서"라는 말은 통하지 않는다

고객 서비스는 하루 24시간의 일이다. 그것은 당연한 일이다. 고객은 오후 5시가 지나서나 또는 일요일에 무엇을 부탁해 올지도 모른다. 그러나 일단 고객이 "해줄 수 있습니까?"라고 물을 때 그 대답은 언제나 "예스"라는 방침을 세웠다면, 항상 예스가 아니면 안 된다.

방침이기 때문이라기보다 좀더 근본적인 이유에서 "시간이 지나서"라고 거절해서는 안 된다. 만일 고객에게 자신들의 스케줄에 맞춰달라고 부탁하는 따위의 짓을 한다면, 어떻게 최고의 서비스를 제공할 수 있겠는가? 그런 일을 했다가는 고객에게 불편을 끼치지 않을 수 없게 된다.

서비스라고 하는 것은 고객이 요구했을 때 해주어야 하는 것이지, 우리가 하고 싶을 때 하는 것이 아니다.

우리 회사에서는 그것을 실행하고 있다. 고객의 생일에, 결혼기념일에, 크리스마스 이브에, 설사 그것이 일요일이나 휴일이라도 고객이 원한다면 리본을 달아서 차를 보내준다.

일요일 아침이라도 손님이 점포에 찾아오면 기꺼이 자동차를 보여줄 것이고, 가령 손님이 파자마 차림으로 나타났다 하더라도 전혀 상관하지 않는다.

폐점시간은 오후 8시이다.

"아무리 해도 9시가 아니면 오실 수 없다는 말씀이군요? 괜찮습니다. 기다리겠습니다."

사람들에 따라서는 이런 일을 내심 귀찮게 생각할지도 모르지만, 우리 회사는 그렇지 않다. 고객의 스케줄에 맞춰 나감으로써 자동차의 판매와 결부시킨다. 장기적으로 보면 아마 한 대만으로 끝나지는 않을 것이다. 그것을 귀찮다고 생각하지 않느냐고? 귀찮지 않다고 말하면 거짓말이겠지만, 고객이 우리들이 저녁식사에 늦는지 아닌지 따위를 걱정해 줄까? 대답은 "노"이다. 고객이 요구하는 것이 여기서는 최우선 사항인 것이다.

우리 회사는 고객의 생활을 될 수 있는한 즐겁고 쾌적하게 만들어주려고 한다. 예를 들어 캐딜락 판매점에서 하는 일을 살펴보기로 하자.

세일즈맨과 서비스 어드바이서는 모두 고객에게 자택의 전화번호를 가르쳐주도록 되어 있다. 고객이 도움을 필요로 할 때 이용하기 위해서이다. 고객은 필요할 때에 그 번호를 찾을 수 없거나, 전화번호를 먼 곳에 두고 왔어도 문제가 없다. 판매점으로 전화를 걸기만 하면 된다. 폐점 후에도 경비원이 대기해 있으며, 그는 모든 사원의 전화번호를 알고 있다. 따라서 점포에 전화를 걸면 경비원이 연락을 취해서 적절한 직원을 고객에게 보내줄 것이다.

예를 들면, 오전 5시에 어떤 고객이 직장에 출근하려고 하다가 펑크를 발견한다(이런 전화를 우리는 많이 받는다). 쇼룸에 전화를 걸면, 경비원은 서비스 기술자에게 전화연락(하루 24시간 연중무휴로 반드시 담당이 있다)을 하고, 기술자는 수리전용 트럭으로 개조한 쉐비 서버밴(Chevy Suburban)으로 현장으로 달려가서(이 서버밴에는 에어 컴프레서, 키 커터기 등 생각할 수 있는한의 기계와 기구가 즉각 사용할 수 있도록 격납되어 있다), 스페어 타이어를 갈아끼워 준다. 그리고 고객은 일터로 출근하는 것이다. 앞에서 말한 것처럼 요금은 청구하지 않는다.

우리 회사는 어느 시간대라도 고객의 전화를 기다리고 있다. 우리 고객은 우리가 시중을 들고 싶기 때문이다. 그뿐만 아니라 우리 회사보다 비싼 요금을 받고 엉성한 일을 해주는 사람들에게 그 일을 빼앗기고 싶지 않기 때문이다.

어떤 비즈니스라 하더라도 고객은 '시간외'라도 연락할 수 있는 전화번호를 갖고 싶어하는 법이다. 그런데 최대의 문제는 고객이 우리 회사가 어떤 일이든간에 시중을 들고 싶어한다는 사실을 잊어버린다든가, 또는 믿지 않는다는 데 있다. 우리 회사에서는 언제든지 되풀이해서 그것을 고객에게 전하며, 그 때문에 24시간 서비스의 전화번호가 들어 있는 스티커를 건네주고 있는데도, 고객들은 전화를 별로 걸어오지 않는다.

지금까지도 고객은 주유소로 레커차라든가 필요한 것을 구하러 달려가고 있지만, 우리 회사로 전화를 건다는 것은 잊어버리고 있다. 고객이 전화를 걸어주었으면 좋겠다고 우리는 기대한다. 우리 회사의 고객은 우리 손으로 시중을 들고 싶기 때문이다. 전화를 걸어오는 사람들에게 우리들은 그들이 편리한 대로 이용을 할 수 있도록 조처하고 있다. 그러나 그렇게 빈번한 일은 아니니까, 그다지 걱정할 것은 없다.

고객이 도움을 청하면서 전화를 걸어올 때는 반드시라고 해도 좋을 정도로 "시간이 지나서"이다. 그것은 도움을 긴급으로 요청하고 있기 때문이다. 고객이 도움을 필요로 한다면, 우리 회사는 설사 어떤 시간이라 하더라도 그것에 응한다. 그것은 우리 회사측에서 볼 때 고객과의 관계를 유지하는 좋은 기회가 되고, 도움을 제공하면 사람들은 우리 회사의 서비스를 진심으로 기뻐해주기 때문이다.

체크리스트

✔ 고객 서비스는 오전 9시부터 오후 5시까지만 하면 되는 것이 아니다. 훌륭한 서비스를 제공하고 싶다면 24시간 서비스를 지향해야 한다.

✔ 전화 한 통으로 모든 볼일을 끝낼 수 있도록 하라. 그리고 고객이 서비스를 받기 쉽도록 하라. 한밤중인 3시에 도움을 청하기 위해 여기저기에 전화를 걸게 해서는 안 된다. 단 한 통의 전화로 모든 것이 끝나도록 해야 한다. 반드시 자택의 전화번호를 가르쳐줄 필요는 없다(가르쳐주면 고객은 기뻐하겠지만). 또 누군가를 하루종일 교환대 앞에 앉혀둘 필요도 없지만, 의사처럼 전화응답 서비스를 이용하는 것이 좋다. 정규영업 시간대 외에 걸려오는 전화는 이러한 전화응답 서비스로 처리하라. 이 서비스 전화가 메시지를 받아서 당번인 사람에게 전화를 연결해준다.

✔ 고객이 귀사를 자기 편리한 대로 이용하는 것이 아닌가 하고 걱정할 필요는 없다. 대부분이 정말로 필요한 때에만 전화를 걸어오는 법이다.

CHAPTER 4

청구는 항상 견적 이내로 하라

고객이 자동차를 가지고 오면 우리 회사에서는 수리대금의 견적서에서 상한선 가격을 미리 정하여 제시한다. 견적을 될 수 있으면 낮게 내는 서비스 어드바이서도 있는데, 이것은 고객에게 견적이 지나치게 비싸다는 인상을 주면 수리계약을 따낼 수 없을지도 모른다고 두려워하기 때문이다.

서비스 어드바이서에게 그런 걱정까지 하게 해서는 안 된다. 실제로 나는 견적에 10퍼센트를 더 얹어서 계산하도록 지시한다. 그렇게 하면 실제 요금은 미리 내놓은 견적보다 언제나 싸지기 때문이다. 최악의 경우라도 예외없이 1달러는 견적보다 싸지는 것이다. 결과적으로 손님은 기뻐하게 된다.

견적보다 비싼 요금을 받는 것은 고객을 잃는 최악의 조건이다. 경비에 더 얹어서 견적서를 작성하면 언제든지 견적서보다 조금 싼 요금이 된다.

예를 들어보자. 수리를 하기 위해 들어온 차의 코스트가 90달러라고 한다면 우리 회사의 코스트 견적은 100달러이다. 수리가 완료된 차를 인수하러 왔을 때, 90달러로 수리했다는 것을 알게 되면 손님은 틀림 없이 기뻐할 것이다.

이 아이디어는 속임수가 아니다. 만일 그것이 90달러 견적의 일이라 면 우리 회사에서는 85달러를 청구한다. 설사 100달러의 견적을 내도 고객이 불만스럽게 생각하지 않을 일감이라도 말이다. 그렇다면 100달 러를 청구해서 차액인 10달러를 손님한테서 받을 수 있을까? 글쎄 한 두 번 정도라면 가능할 것이다. 그러나 나의 사촌이며, 우리 회사의 캐 딜락 판매점을 경영했던 존 소웰이 항상 말했던 것처럼, "양털은 몇 년이나 깎아낼 수 있지만 가죽은 한 번 밖에 벗기지 못한다."

다시 말하면, 고객은 최후에는 가죽이 벗겨지고 있다는 것을 깨달을 것이고, 그렇게 되면 두 번 다시는 당신에게 돌아오지 않을 것이다.

문제가 되는 것은 서비스 어드바이서가 100달러의 견적으로는 고객 이 발주해주지 않을지도 모른다고 걱정해서 90달러라고 말해 버리는 것이다. 그리고 최종적으로 청구서가 91달러가 된다면 손님은 불만스 럽게 생각할 것이다.

만일 90달러의 일이라고 생각하여 100달러의 견적을 내고, 최종적 으로 91달러를 청구한다면 견적보다 9달러가 싸니까 손님은 잔소리를 하지 않을 것이다. 이 어프로치의 좋은 점은 당초 생각했던 것보다 경 비가 여분으로 좀더 들어갔을 때라도 여유를 가질 수 있다는 점이다.

그뿐만 아니라 고객에게 요금을 청구하지 않고서 여분으로 약간의 서비스를 할 수도 있다. 예를 들면, 90달러 상당의 일을 하는 동안에 윈도우 와이퍼를 교환할 필요가 있다는 것을 깨달았다고 하자. 이것은 보통 7달러를 청구하는 일이다. 와이퍼를 바꾸어주어도 최초의 견적보다 싸게 먹힌다. 여분의 일을 해주고도 견적보다 싸게 먹히게 된다(이 경우 청구서는 97달러가 된다. 본래의 90달러에 와이퍼 값 7달러가 더 해진 것이다). 이것으로 고객이 기뻐하는 이유가 두 가지 생긴다.

이 어프로치의 결점은 당연히 최초의 100달러라는 견적이 너무 비싸다고 해서 다른 곳으로 가버리는 사람이 있다는 데 있다. 그러나 이런 케이스는 1퍼센트나 2퍼센트밖에 안 될 것이다. 그리고 만일 가격이 너무 비싸다고 생각하는 사람이라면 우리 회사의 고객으로 환영하지 않는다.

오일 필터라면 〈퀴키 루브〉네 점포로 자동차를 가져가서 기다리고 있으면 댁의 회사보다 9달러 싸게 먹힌다고 하는 사람도 있다. 그것은 사실이다. 우리 딜러가 제일 값이 싸다는 얘기는 아니다. 그러나 우리 회사는 베스트이다. 우리 점포에 차를 가지고 온다면 견적보다 싼 청구서뿐만 아니라, 단단하고 확실하게 수리해줄 것이다.

우리 회사의 가격정책은 대부분의 사람들이 납득할 수 있는 것이다. 이러한 사람들은 우리 회사가 결코 견적보다 비싼 요금을 받지 않는다는 것을 잘 알고 있다. 인간은 약속을 지키는 사람과 거래하기를 좋아하는 법이다.

체크리스트

✔ 쿠션을 넣어라. 즉, 항상 견적은 실제의 예상가격보다 10퍼센트 높게 낸다. 그러면 최종적인 청구액은 손쉽게 견적보다 낮아지고, 견적이 잘못되었을 때의 안전판이 되기도 한다. 그러나 어떤 경우라도 청구액은 최저 1달러라도 견적보다 싸게 내야 한다.

✔ 불로소득식 이익은 없다. 실제의 코스트가 견적보다 싸게 먹혔다면 청구액도 싸게 내야 한다. 그 차액의 이익추구와 고객의 정착은 양립하지 않는다.

✔ 될 수 있으면 뭔가 여분의 일을 해주도록 하라(필요가 있다면 말이지만). 쿠션을 넣어놓았기 때문에 약속한 요금을 바꾸는 일없이 여분의 일을 해줄 수 있는 여유가 생긴다.

TWO

항상 우수한 서비스를 제공하라

TWO

CHAPTER 5

스마일이 아니라 시스템을

고객 서비스라고 하면 여러분은 우선 "어서 오십시오!", "감사합니다!", "네, 사모님.", "네, 사장님." 하는 식의 말투라든가, 품절된 상품의 재고를 다른 점포에 문의해준다든가 하는 접객태도를 막연히 머리에 떠올릴 것이다.

분명히 그것도 좋은 고객 서비스의 일부이겠지만, 아주 작은 부분에 지나지 않는다. 고객 서비스를 '케이크'라고 한다면, 예의바름, 스마일, 손님이 구하는 상품을 찾아다닌다거나 하는 행위는 케이크의 데코레이션이라고 할 수 있을 것이다. 즉, 케이크는 훌륭한 일을 하기 위한 시스템이라고 생각하면 된다.

훌륭한 일을 하는 것은 두 가지 부분으로 이뤄진다.

1) 한번에 정확하게 일을 완성하는 것.

2) 잘 되지 않았을 때 대응할 수 있는 적절한 시스템을 갖는 것.

접객태도와 같은 막연한 것보다는 위의 두 가지 점을 충족시키는 시스템을 갖는 것이 훨씬 더 중요하다. 아무리 예의바르게 고객을 접촉하고 있다 하더라도 제대로 일을 해주지 않는다면, 혹은 문제가 일어났을 때 즉각 대응할 수가 없다면 무의미하다.

이것은 레스토랑에 갔을 때와 비슷하다. 웨이터는 턱이 아플 정도로 애교있게 미소를 지을 것이고, 앉을 때 의자를 꺼내주거나 테이블을 떠날 때 냅킨을 다시 접어주거나 하겠지만, 만약 음식이 맛이 없다면 손님은 두번 다시 그 레스토랑에 찾아가지 않을 것이다.

레스토랑에서도, 자동차 판매점에서도, 백화점에서도, 그리고 어떤 장사에서도 필요한 것은 훌륭한 서비스를 보증하는 시스템이지 '미소'가 아니다.

어떤 비즈니스에서나 몇 가지 시스템이 움직이고 있다. 시스템의 각 부분이 일체가 되어서 고객의 요망에 따르는 효율적인 프로세스를 만들어내지 않으면 안 된다.

시스템은 제조업에 불가결한 요소이다. 신중히 설계되고 체크된 프로세스 없이는 효율적으로 제조하는 것이 불가능하다.

예를 들면, 자동차 산업에서 프로세스 지향의 인간은 엔지니어들이다. 통상 그들은 설계 내지 제조에 관여하고 있다.

저스트 인 타임(JIT=간판방식, 또는 카드방식으로, 필요한 상품을 필요한 양만큼만 구입·생산·공급하는 시스템) 재고 시스템, 통계적 공정관리, 생산관리론 등의 연구를 직업으로 삼고 있는 엔지니어는 많다. 그들이 제조현장에서 이러한 시스템을 적용하는 것은 당연한 일이다.

서비스업에서도 마찬가지로 시스테마틱한 사고방식을 적용해야 하는데, 많은 서비스업 컨설턴트는 시스템 대신에 '스마일'(미소)의 권고에 시간을 지나치게 많이 쓴다.

애프터 서비스나 판매부문에서는 이와같은 엔지니어형 인간이 그리 많지 않다. 서비스나 판매부문의 사람들은 재료관리나 통계적 공정관리와 같은 과목을 배운 적이 없으며, 최신의 재고관리료에 대해서도 토의할 수가 없을 것이다.

고객에게 상냥하고 예의바르게 대하는 것이 고객 서비스에서 차지하는 비율은 20퍼센트에 지나지 않는다. 중요한 것은 한번에 정확히 일을 완성하기 위한 시스템을 디자인하는 것이다. 고객의 요망에 부응하지 못하는 상품이나 서비스는 전 세계의 스마일(미소)을 가지고서도 팔 수가 없다.

서비스 및 판매부문의 사람들도 제조부문에서 사용하고 있는 시스템 어프로치를 배우지 않으면 안 된다. 왜냐하면, 이와같은 시스템을 적용하는 것이 서비스업에서 품질의 저하를 배제하는 가장 효과적인 방법이기 때문이다. 에드워드 데밍(Edwards Deming)이나 엘리야후 M. 골드래트(Eliyahu M. Goldratt), 토요타의 생산 시스템 '간판방식'(JIT)을 구축한 오노 다이치, 다구치 겐이치 같은 사람들의 저작은 효율적인 서비스 산업용의 시스템을 구축하는 데 많은 참조가 될 것이다.

지금까지 내가 시스템에 대해서 들었던 최고의 이야기는 맥도널드(Mc-Donal's) 사의 프렌치 프라이에 관한 것이다.

맥도널드 사가 항상 균일한 품질의 프렌치 프라이를 가게에 내놓으려고 연구를 시작했을 때, 미국에는 감자의 품질기준이라는 것이 없었다. 미국 농무부에 감자의 품격지정 시스템이 없었던 것이다.

더 나아가 프라이에 적합한 기름의 온도는 어느 정도인가, 요리시에는 어느 정도의 시간 동안 일정한 온도를 유지하면 좋은가, 감자를 썩지 않게 하기 위해서는 어떻게 보존하는 것이 좋은가 하는 것에 대해서 알고 있는 사람이 아무도 없었다.

맥도널드 사는 이 연구과정에서 미국 농무부의 품질기준 제정에 협력했다. 필요로 하는 균일품질의 감자재배에는 어떤 종류의 토양이 적당한가에 대해서까지 연구를 했으며, 감자가 항상 균일하게 조리될 수 있도록 독자적인 프라이용 기구까지 개발했다.

이 얘기는 고객 서비스는 무엇인가를 설명하는 좋은 예라고 생각한다. 시간과 주의력 전부를 투입해서 감자의 재배법, 보관법, 조리법의 연구에 엄청난 시간과 노동력을 사용함으로써 맥도널드 사는 손님이 먹는 프렌치 프라이는 '언제나 똑같이 맛있는 맛'이라는 것을 사실상 보증해온 것이다.

언제든지, 어디서나 맛이 있다는 것은 완벽함을 훼손할 가능성이 있는 요소를 거의 모두 배제했기 때문이다. 다구치 씨가 말하는 것처럼, 그러한 요소를 배제하면 할수록 상품이나 서비스는 보다 좋아지는 것이다. 맥도널드 사의 경우는 완전성을 훼손하는 요소를 모조리 배제하기 위해서, 감자를 재배하는 토양이나 그 산성도가 어때야 하는가에 대해서까지 거슬러올라간다는 것을 의미했다.

전국 각지에서 우수한 서비스맨들은 맥도널드 사처럼 생각하기 시작했다. 재고관리를 예로 들어보자. 이 사고방식의 배후에 있는 것은 매우 기본적인 것이다. 즉, 만일 고객이 구하는 상품이 재고에 없으면 제공할 수가 없다. 제공할 수 없다면 훌륭한 서비스라고 할 수 없다.

월마트(Wal-Mart) 사도 뛰어난 서비스를 제공하고 있다. 동 회사는 전 미국의 소매업 가운데서는 최고의 재고관리 시스템을 갖고 있다.

전 상품은 바코드화되어 있으며, 팔려나간 상품은 체크아웃 카운터에 기록되어, 하루의 마감을 끝내면 월마트 사의 전 계산대로부터 월마트 사의 창고뿐만 아니라 상품의 납품업자에게까지 데이터가 도달하도록 되어 있다. 그 결과 재고가 줄어든 상품을 업자는 이튿날 배달할 수 있게 되었다.

이 월마트 사와 사입 담당자가 정기적으로 업자에게 발주하는 방법을 취하는 다른 소매점을 비교해 보면, 후자의 경우 납품업자는 소매점에서 실제로 무엇이 팔리고 있는지 다음 번의 발주가 올 때까지 알수가 없다.

월마트 시스템에서는 창고나 납품업자가 매일 무엇이 팔리고 있는가, 무엇의 재주문이 있는가를 잘 파악하고 있다. 이것이 재고 코스트를 비약적으로 축소시켜주고 있다.

월마트 사는 이 시스템을 더욱 발전시켜서 점포의 창고에서 재고품을 논리적 및 기능적으로 관리하기 쉽도록(예를 들면, 스웨터는 셔츠 옆에 보관하는 등) 납품업자에게 콘테이너의 내용을 짜게 했다. 점포의 재고관리자는 그 체크에 바코드 판독기를 사용하고, 수를 헤아리거나 기록하거나 하는 일은 일체 하지 않는다. 품목은 자동적으로 체크되고 있기 때문에 잘못해서 코드화되는 일이 없다.

나는 자동차에 대해서도 같은 것을 할 수 있었으면 좋겠다고 생각한다. 자동차에는 17개 문자로 이뤄지는 '차체 증명 번호'(VIN)가 있다. 하루에 100개의 VIN을 기록한다면, 하나 정도는 실수를 범할 가능성이 매우 크다. 최종적으로는 17문자×100＝1,700회의 실수 가능성이 있는 셈이다. 이것은 99. 9퍼센트 정확하다고 해도 100대의 사동차당 거의 두 번쯤 잘못 기록할 가능성이 있다고 하는 계산이 나온다.

이래서는 분명히 월마트 사의 바코드 시스템 쪽이 뛰어난 것이다.

나에게 월마트 사의 재고관리법을 가르쳐준 것은 그 사장인 데이비드 글래스(David Glass) 씨였다. 이것은 월마트 사에서는 재고관리 시스템이 고객 서비스 중 하나라는 것을 사장 자신이 인식하고 있다는 것을 의미한다. 동 회사에서는 사장 스스로가 시스템 작성에 참가하여, 올바르게 운용되고 있는가를 항상 확인하고 있다.

시스테마틱한 어프로치는 고객 서비스의 80퍼센트를 차지하고, 스마일이나 "고맙습니다." 하는 감사의 말보다도 훨씬 더 중요하다.

체크리스트

✔ 잘 되지 않는 이유로 무엇을 생각할 수 있는가? 이것이 시스템을 구축하는 데 우선 필요한 질문이다. 상품 및 서비스 제공의 모든 단계를 검증하고, 잘못이 일어날 수 있는 것은 어느 단계인가를 분명히 밝혀내야 한다. 그리고 그것을 배제하는 방법을 찾아내도록 한다.

✔ 무엇을 자동화할 수 있는가? 가능한 것은 모두 컴퓨터화하라. 스피드업이 될 뿐만 아니라, 인간의 실수 가능성도 줄일 수 있다.

✔ 훌륭한 서비스를 제공하고 싶으면 메이커의 의견을 들어라. 최고의 시스템을 가지고 있는 것은 서비스 회사가 아니라 메이커이다. 메이커를 모델로 해야 한다.

CHAPTER 6

검사 책임자는 무용지물이다

검사 책임자는 일하는 사람들을 태만하게 만든다. 만일 누군가가 일을 체크하고 있다는 것을 알게 되면, 스스로 체크를 하지 않게 되기 때문이다. 우리는 이런 것을 알게 될 때까지 꽤나 많은 고생을 했다.

품질검사 책임자를 두지 않고, GM 사의 고객 만족도 지수(Customer Satisfaction Index=CSI)에서 95점 이상의 높은 수치를 몇 년간인가 달성한 다음에, 우리 회사에서는 100퍼센트의 품질을 확실히 하는 가장 좋은 방법은 100퍼센트의 검사일 것이라고 생각했다. 그렇게 하면 아무리 작은 실수라도 발견할 수 있을 것이라고 생각했던 것이다. 그래서 검사 책임자를 새로 두었다. 최종적으로는 검사 책임자를 7명으로 증원하고 작업공정을 하나하나 검사해 나갔다. 그 결과, 어떻게 되었느냐 하면, CSI 지수가 내려가버렸다.

즉, 검사 담당을 두었기 때문에 기술자는 자기 자신의 일에 대한 책임감이 흐려져 버린 것이다. 작업의 최종 체크는 자신들이 하는 것이 아니라 검사 담당의 일이라고 생각한 것이다.

기술자는 자신이 하는 일에 프라이드를 상실하고 있었다.

검사 책임자 제도를 폐지하고 났더니 CSI 지수는 올라가고, 일의 질도 마찬가지로 올라갔다. 현재는 최고 수준에 도달해 있다. 종업원이 일에 대한 책임을 좀더 느끼고 있기 때문이다.

만일 일을 잘못했다면 당사자가 그것을 바로잡지 않으면 안 되고, 다시 고치는 데 소요된 시간에 대한 보수는 지불하지 않는다. 손님은 다시 고치는 작업에 대해서 회사에 돈을 지불하지 않으니까 그 종업원도 보수를 받을 수 없는 것이다.

이런 일은 분명히 흔히 있는 일은 아니라 하더라도, 사원 중 누군가가 불완전한 일을 했다면 회사 전체가 피해를 입게 된다.

고객이 수리가 잘못된 자동차를 가지고 왔을 때는, 그 일을 담당한 사람이 다시 고치도록 한다. 그 작업을 한 시간에 대해서는 임금을 지불하지 않는다. 이것은 당연한 것으로, 재수리는 불편을 당한 고객뿐만 아니라 회사에도 손해이기 때문이다.

회사는 평판을 훼손당하는 불이익뿐만 아니라 재수리를 한 요금은 받을 수가 없고, 더구나 수리의 재시행은 코스트가 들어간다. 공짜로 재수리를 한다 해도 냉난방비, 전기 및 수도요금, 집세, 세금은 들어가는 것이다.

회사가 고객에게 보수를 받지 않고 일을 하니까 그 사태를 초래한 작업담당자도 보수를 받아서는 안 된다.

모든 재수리는 매일 아침의 품질관리 회의에서 보고하고 검토된다. 또한 담당 기술자의 상사인 매니저와 그 담당자 사이에도 대화가 오고 간다.

이것에 의해서 담당 기술자도 경영자도 재수리작업이 있었다는 것, 또 그 이유를 알 수 있게 된다.

때로는 기술자의 실수가 아닐 때도 있다. 전구를 갈아끼웠다 치고, 24시간 동안은 정상으로 가동했으나 저절로 꺼져버리는 일도 있을 수 있다. 나는 검사 담당으로 일한 적이 있는데, 수리를 끝내고 인수해 갈 때는 완벽해도 금세 고장을 일으키고 되돌아오는 차가 많이 있다는 것을 알았다.

그러나 고객에게는 문제의 원인이 무엇이든간에, 또 수리가 완벽했다는 것을 보증하는 사람이 몇 사람이 있든간에 아무래도 상관없는 일이다. 고객은 만족스러운 수리가 되어 있지 않으면 자동차를 다시 가져올 수밖에 없으니까 말이다.

어떤 일을 했다 하더라도, 아무리 최선을 다했다 하더라도 문제는 으레 일어나기 마련이다. 이것은 피할 수가 없다. 우리들은 인간이며, 인간은 잘못을 저지르는 법이기 때문이다. 세심한 품질관리 프로그램에도 불구하고, 메이커는 이따금 잘못해서 결함상품을 판매해 버린다.

그러나 그냥 어깨를 치켜들어 보이면서 "실수도 간혹 있습니다." 라고 말하는 대신에, 우리 회사에서 고쳐야 할 점이 무엇인가를 점검하고, 다시 고쳐 일한 다음에는 문제를 무심코 간과한 시스템의 결함에 대한 시정에 힘쓴다.

이것은 중요한 일이다. 개개의 문제에 대한 대응만으로는 결국 품질의 저하를 가져온다는 것을 이전부터 깨닫고 있었던 것이다.

분명히 개개의 문제해결은 중요하지만, 그것만으로 만족하고 있으면 같은 문제를 장차 다시 몇번씩이나 일으키게 될 것이다. 최초에 그것이 일어났을 때, 그 문제의 원인을 추구하는 편이 훨씬 더 능률적이다. 이것을 근본 원인분석(root cause analysis)이라고 한다. 같은 문제는 두번 다시 일어나지 않도록 해야 한다. 작업의 프로세스는 정확하지 않으면 안 되고, 종업원은 그 작업을 틀림없이 행하기 위해 필요한 지식을 가져야 하며, 회사는 그러한 작업환경을 제공하지 않으면 안 된다.

한 가지 예를 들어보기로 하겠다. 우리 회사의 기술자 중에 다른 일은 완벽하지만 연료분사 장치를 수리하면 언제나 잘 되지 않는 사람이 있었다.

이 경우, 고객이 항의를 해올 때마다 그가 수리한 연료분사 장치의 재수리를 계속해 나가든가, 그렇지 않으면 문제의 근본원인을 찾아볼 수밖에 없다. 사물의 해결법은 이 경우처럼 매우 간단한 경우가 많은 법이다. 이 기술자는 일찍이 단 한번도 올바른 수리방법을 배운 적이 없었던 것이다. 그래서 그것을 가르쳐주었다. 에드워드 데밍이 말한 것처럼 "자신이 알고 있는 것밖에 모르니까" 말이다.

문제점을 알고 나면 그 기술자의 문제인가, 서비스 어드바이서의 문제인가를 업무의 내용에 따라 분류한다. 그리고 나서 패턴을 추구한다. 연료분사 장치의 수리에 대해서 많은 항의가 와 있는가? 만일 그렇다면 기술자가 수리방법의 훈련을 받은 것은 언제가 마지막인가?

문제를 거슬러올라가면, 특정한 서비스 어드바이서에게 도달하는 경우도 있을 것이다. 그가 고객의 수리의뢰를 정확히 이해하지 못했을지도 모른다.

우리 회사에서는 영업부문에서도 실수를 용이하게 찾을 수 있게 해놓았다. 예를 들어, 종업원에게 신차이든 중고차이든 모두 고객에게 건네줄 때는 휘발유를 가득 채우도록 하고, 또 반드시 최초의 정기정

검 예약을 해놓도록 지시했다. 이것이 제대로 이행되고 있지 않다면 고객을 실망시킨 종업원, 즉 자동차를 판매한 세일즈맨이 누군지 금세 알 수 있다.

시스템을 시정하면 문제는 영구히 일어나지 않는다.

체크리스트

✔ 검사 책임자 제도를 채용하고 있다면 당장 폐지하라. 검사 책임자는 결코 품질을 개선시키지 않는다.

✔ 같은 일에 두 번 보수를 지불하지 말라. 회사도 종업원도 재수리 작업에서 수입을 얻어서는 안 된다. 훌륭한 서비스와 고품질 보증은 불가분의 것이어야 한다.

✔ 실수에 대해서 얘기를 나누라. 재수리 작업이 들어오면 아무리 사소한 것이라도 일지에 기록하라. 그리고 즉각 고치라. 최초의 시점에서 왜 문제를 간과했었는가를 조사하라.

✔ 매일 품질관리 회의를 열어 문제에 대해서 토의하는 기회로 삼으라. 이 회의에는 매니저뿐만 아니라 실무 담당자, 고객과 접하고 있는 종업원도 참가시킨다. 이 사람들은 현장에서 무슨 일이 일어나고 있는지를 잘 알고 있다.

✔ 패턴을 발견하라. 충분한 정보를 모아나가면 횟수를 거듭하는 동안에 문제가 일어나는 분야나 그 경향을 파악할 수가 있다.

CHAPTER 7

고객 서비스 부문 역시 필요없다

검사 책임자 제도를 폐지하겠다면, 내친김에 고객 서비스 부문도 역시 폐지하는 것이 어떨까? 왜냐하면, 고객 서비스는 대단히 중요하기 때문에 '고객 서비스' 부문에만 맡겨둘 수가 없기 때문이다.

사실 전 사원이 고객 서비스 담당자이고, 실제로 고객은 그렇게 보고 있다. 자신이 접한 '각 사원'이 각각 어떠했었느냐에 따라서 고객은 그 회사의 서비스를 평가하는 법이다. 경리직원이 실례를 했다면, 세일즈맨의 대응이 불충분했다면, 아무리 고객 서비스 담당자가 친근감을 주고 따뜻하게 배려를 해주더라도 그 점포는 서비스가 나쁘다고 고객은 받아들인다. 그것은 당연한 일이다. 어쨌든 불만스런 서비스를 받은 것은 사실이니까 말이다.

고객을 접하는 사람들은 전원 문제해결의 책임과 권한을 갖지 않으면 안 된다.

텍사스의 옛 속담에 "농부의 발자국은 최상의 비료"라는 말이 있다.

즉, 농작물이 순조롭게 자라고 있는가를 확인하기 위해서 훌륭한 농부는 항상 밭으로 나간다(내 경우는 농부가 아니고 기업주이지만, 현장에 나가 고객과 접하는 것이 제일이다). 그리고 이것이 우수한 고객 서비스를 행하는 하나의 방법이다. 고객이 어떻게 다루어지고 있는가를 확인하고 싶어하는 것은 기업주밖에 없을 것이다.

그러나 그렇게 간단한 문제는 아니다. 기업주가 모든 고객을 응대하게 된다면, 비즈니스는 혼자서 꾸려나갈 수 있는 규모 이상으로도 발전하지 못한다. 앞의 예를 적용한다면, 한 사람의 농부는 하나의 농장밖에 관리할 수 없다는 얘기가 된다.

그렇다면 농부(보스)에게 있어서는 전원을 고객 서비스 담당자로 만들어버리는 쪽이 훨씬 더 효과적이다. "고객이 문제를 안고 있다면 해결해주라. 당신이 해결할 수 없다면 매니저에게 이야기를 해라. 그래도 안 되거든 CEO(최고 경영책임자)에게 전하라. 어쨌든 해결하라, 그것도 빨리." 하고 전 사원에게 선언해보라.

대기업의 경우, 이 생각은 침투시키기 어렵다. 15년 전에 GM 사는 고객 서비스 프로그램을 전개했다. 그 일환으로 매니저를 한 명 두기를 원한다고 말해 왔다. 그러나 우리 회사에서는 이것에 응하지 않기로 했다.

고객 서비스 부문 설치라고 하는 아이디어는 나쁘지 않다. 이것은 고객에 대한 배려이며, 고객을 도와주고 싶다는 의사표시이기 때문이다. 만일 전문적인 고객 서비스 부문이 없다면, 그것을 설치함으로써 고객에 대한 응대를 보다 능률적으로 하고, 더 나아가서는 종업원을 기쁘게 하는 것도 될 것이다. 그러나 우리 회사는 이 점에서 GM 사와 여러 해 동안 논쟁을 벌여왔다.

고객 만족도 지수(CSI)의 점수가 나온 것을 보니까, 고객 서비스 담당 매니저가 있는 딜러보다 우리 회사의 점수 쪽이 높았기 때문에, 비로소 GM 사는 우리 회사가 그다지 우스꽝스러운 말을 한 것은 아니라는 것을 인정했던 것이다.

우리 회사에서 최우선 사항은 고객 서비스이다. 직종이 무엇이든간에 고객을 만족시킬 수 없다면, 우리 회사에서는 오래 근무할 수가 없다. 그것은 명백한 일이다. 당신은 최고의 세일즈맨일지도 모른다. 최고의 엔지니어일지도 모른다. 그러나 만일 당신의 CSI가 좋지 않다면, 당신은 과거의 인간이 되어버린다. 왜냐하면, 고객이 다시 찾아주지 않는다면, 우리들이 할 일은 아무것도 없으니까 말이다.

체크리스트

✔ 고객 서비스 부문은 경영자를 고객으로부터 멀어지게 한다. 그렇기 때문에 설치해서는 안 된다.

✔ 종업원 전원에게 고객을 응대하게 하라. 종업원 전원에게 고객 서비스 담당자로서 고객을 만족시킬 책임과 권한을 갖게 해야 한다.

✔ 고객 이상으로 소중한 것은 없다. 종업원에게 다음과 같은 것을 철저하게 주지시켜라. "아무리 영업성적을 올리더라도, 아무리 생산적이라 하더라도, 고객에 대한 응대를 잘못하면(또한 동료에 대한 응대를 잘못하면) 해고할 것이다."

CHAPTER 8

한번에 정확히 일을 완성시켜라

내 친구 레너드 L. 베리(Leonard L. Berry)는
텍사스 농공 대학의 소매업 연구소 소장이다. 베리는 고객 서비스에
관해서 수많은 면담조사를 행하고, 사람들이 무엇을 구하고 있는가를
찾아내는 일에 그 연구생활의 전부를 바쳐왔다. 그 오랜 경험에서 베
리가 얻은 결론은, 고객에게는 '업자가 약속을 지키는 것'이 무엇보다
도 소중하다는 것이었다. 레너드 L. 베리는 다음과 같이 얘기하고 있
다.

"서비스 제공자에 대한 고객의 기대는 단순하고 명쾌하다. 고객이
서비스업에 기대하는 것은 남보기 좋고, 기민한 대응을 할 수 있고, 믿
음직스럽고, 고객의 기분을 잘 알아차려주고, 그리고 무엇보다도 신뢰
할 수 있는 존재였으면 하는 것이다. 고객은 이렇게 하겠다고 회사가
말한 것은 약속대로 지켜주기를 원하는 것이다."

약속을 지키지 않는 회사만큼 고객을 화나게 만드는 것은 없다.

피플 익스프레스(People Express) 항공사를 생각해 보자. 이 회사
의 개념은 훌륭한 것이었다. 운임은 공짜나 마찬가지고, 때로는 19달
러밖에 안 드는 경우도 있다. 여객을 일체 쓸모없는 장식이 없는 비행

기에 주워 실었다. 체크인한 화물 한 개당 3달러, 비행중에 커피가 마시고 싶으면 한 잔에 50센트씩 받았다. 고객은 그것은 그것대로 좋다고 생각한다. 왜냐하면, 버스에 타는 것보다 싸고 빨리 목적지에 도착하면 된다고 생각하기 때문이다.

그것은 멋진 아이디어였다. 그러나 피플 익스프레스 항공사는 실패했다. 그 이유는 간단하다. 회사는 약속을 지키지 않았던 것이다. 비행시간은 항상 늦어지고, 공항에 가도 발착시간이 언제나 부정확했다. 피플 익스프레스 항공사는 베리가 말하는 '서비스의 약속'을 지키지 않았던 것이다.

고객 서비스 제공에 있어서 세계 제일의 시스템이란 사실은 가장 간단한 것이다. '약속한 것을 실행하는 것. 그것도 한번에 정확하게 일을 완성하는 것'이다.

고객 서비스 얘기를 하고 있노라면, 무엇인가가 계획대로 되지 않았을 때의 선후 대책에 대해서 장황하게 늘어놓는 사람이 많다.

물론 잘못을 어떻게 바로잡느냐 하는 것은 중요하지만, 처음부터 제대로 일을 한다면 구태여 잘못을 빌 필요는 없는 것이다. 바꿔 말하면, 해야 할 일을 처음부터 정확히 하면 된다는 얘기다.

토요타의 렉서스는 그 가장 좋은 예다. "신차는 발표된 그해에는 사지 말라. 일 년 동안 상황을 보고 나서 사라."고 하는 것이 신차를 사는 현명한 방법이라고 알려져 왔다.

그러나 오늘날의 메이커에게 그런 유예기간은 주어지지 않는다. 사는 사람에게는 기다릴 이유가 없기 때문이다. 시장에는 얼마든지 품질이 좋은 상품이 넘쳐흐르고 있다. 처음부터 적절한 상품을 생산해내느냐, 그렇지 않으면 영원히 그 기회를 놓치느냐인 것이다.

렉서스에 대해서는 데이브 일링워스(Dave Illingworth)와 도요다 데츠오, 두 사람의 활약으로 상징되는 것처럼 매우 유리하게 전개되었다. 렉서스 팀은 '가혹할 정도의 완벽성 추구'에 7년간을 소모했다. 통상 12대인 것을 400대나 프로토타이프(원형)를 만들고, 광범위하게 포커스 그룹에 의한 시장조사를 행했다. 렉서스 팀은 매주 1백 시간 일하고, 도요다 데츠오는 이 프로젝트의 개발에 임해서 가족과 함께 미국으로 이사가서 하나도 간과하는 것이 없도록 했다. 그리고 사실 하나도 간과하지 않았다. 그들은 처음부터 정확히 일을 했던 것이다.

고객에게 가장 중요한 것, 즉 당신은 약속한 것을 정확히 이행했는가? 약속을 지키는 것은 마음의 배려, 스마일(미소), 호텔의 베개 위에 놓는 초콜릿 상자 같은 것보다 훨씬 더 가치가 있다.

해야 할 일을 정확히 실행하는 것이야말로 고객 서비스의 기본이지만, 자칫하면 그것을 잊기가 쉽다. 누구든지 일이 원활하게 진행되면 그것보다 더 좋은 일은 없지만, 문제는 언제나 스무드하게 진행된다고는 할 수가 없다. 레스토랑에서 주문을 착각당한 일이 몇번이나 있는가? 혹은 항공회사에서 짐을 분실당한 일은? 기술자가 돌아간 30분 뒤에 커피 머신이 또 다시 작동하지 않게 된 일은 몇번이나 있었던가?

다음에 열거하는 10개 항목의 체크리스트는 우리 회사가 여러 해에 걸쳐서 작성한 것이다. 실무에 어떤 식으로 효과를 올리는가를 검토해보자.

1. 고객에게 이득이 되는 것은 무엇인가?

2. 고객은 이득이 된다는 것을 간단히 이해할 수 있는가?

3. 이 아이디어, 프로그램, 시스템이 우리 회사의 종업원에게 미치는 영향은 무엇인가?

4. 이것은 기존 시스템에 어떤 영향을 미치는가?

5. 다른 회사에서 이것을 성공시킨 예가 있는가? 그들의 경험에서 우리들은 무엇을 배울 수 있는가?

6. 어려운 점으로는 어떤 것을 생각할 수 있는가?

7. 이것이 경쟁회사와의 차이를 두는 이점이 될 수 있는가?

8. 코스트는 얼마인가?

9. 이익에 공헌하는가?

10. 그것을 어느 시점에서 평가할 것인가?

우리 회사에서는 경영방침을 변경하는 경우에는 반드시 이 열 가지 질문과 대조를 해본다. 실행하기 전에 앞의 각 항목이 납득이 가도록 통과되어야 한다.

최근의 예에서는 이렇게 실행에 옮겼다. 어떤 사원이 서비스 부문에서 익스프레스 체크아웃 시스템을 채용하면 어떻겠느냐고 말했다. 호텔에서 행하는 것과 같은 것이다. 고객이 자동차를 수리하러 가져왔을 때, 크레디트 카드의 제시를 요구한다. 그렇게 하면 수리가 완료되었을 때 차의 사물함에 영수증을 넣고 잠근 뒤 프런트에 열쇠를 맡겨두기만 해도, 고객은 언제든지 편리할 때 인수하러 올 수가 있다는 것이다.

이것은 좋은 아이디어처럼 생각되었다. 고객은 지불할 때 줄을 설 필요도 없고, 앞에서 말한 것처럼 더이상은 돈이 들지 않는다는 보증이 붙은 견적서를 미리 받았으므로 이미 얼마가 드는지는 알고 있으니까 말이다.

　나도 처음에 이 아이디어를 들었을 때, 대단히 좋다고 생각했다. 그래서 뭔가 간과하는 문제가 있는지 없는지, 이 체크리스트를 적용해 보았다.

1. 고객에게 이득이 되는 것은 무엇인가?

　이것은 매우 분명했다. 점포를 빨리 나올 수가 있다. 쓸모없는 말썽거리가 없어진다.

2. 고객은 이득이 된다는 것을 간단히 이해할 수 있는가?

　이것은 중요한 점이다. 만일 고객이 이 시스템의 이점을 즉각 이해할 수 없다면, 설사 그것이 아무리 좋은 아이디어라 하더라도 고객의 이점이 될 수 없다.

　이 케이스에서는 문제가 없다고 생각되었다. '익스프레스 체크아웃'이라고 하면, 고객은 호텔에서의 지불 시스템을 머리에 떠올리고, 또 호텔에서 이것을 이용한 적이 없어서 어떤 것인지 모르는 손님에게도 한 번 설명하면 충분하다.

3. 이 아이디어, 프로그램, 시스템이 우리 회사의 종업원에게 미치는 영향은 무엇인가?

　이 경우는 영향이 대단히 적다. 서비스 어드바이서의 일이 아주 조금 불어날 뿐이다. 서비스 어드바이서는 고객이 차를 가져왔을 때 손님의 크레디트 카드를 프린트하지 않으면 안 되는데, 그만큼 경리직원의 부담을 덜어준다. 이 프로그램이 도입되면 경리직원이 상대를 하는 손님이 줄어들 테니까 말이다.

4. 이것은 기존 시스템에 어떤 영향을 미치는가?

거의 없다. 구태여 말한다면, 수리가 끝난 차를 어디서 인도하느냐 하는 것이 다를 뿐이다. 필요한 수리가 모두 끝난 단계에서 기술자가 뒤쪽 주차장에 차를 세워두는 대신에, 프런트에 차를 돌려놓으면 된다.

5. 다른 회사에서 이것을 성공시킨 예가 있는가? 그들의 경험에서 우리들은 무엇을 배울 수 있는가?

나는 개척자가 되고 싶지 않았다. 옛날부터 자주 말하듯이 개척자는 등에 화살을 맞기 쉬운 것이다. 나 자신이 실수를 하는 대신 될 수 있는한 타인의 아이디어를 차용하여, 그들의 실수에서 배우고 싶다고 생각한다. 이 경우는 많은 호텔이 이 프로그램을 이미 채택하고 있으니까 모델이 된다.

6. 어려운 점으로는 어떤 것을 생각할 수 있는가?

많이 있다. 그러나 해결할 수 없을 정도의 근본적인 문제는 없다는 것을 알았다.

예를 들면, 수리가 끝난 차가 도난당할지도 모른다. 차는 문이 잠긴 주차장 밖에 놓여지게 되며, 고객이 인수하기 쉽다는 것은 유감스럽지만 도둑놈이 훔쳐가기도 쉽다는 말이 된다. 그러나 차가 잠겨있는 한, 쇼룸에서 잘 보이는 장소에 놓아두기만 하면 된다.

그러나 차를 잠그는 것이 또 새로운 문제가 되었다. 새로운 시스템을 위해서 고객은 차의 키를 두 세트 가지고 있지 않으면 안 된다. 수리가 끝나면 기술자는 미리 건네받은 키를 차 안에 넣고 잠근다. 차에 타기 위해서는 다른 키가 없으면 안된다(그때까지의 시스템이라면, 인수를 하러온 고객에게 점포가 보관하고 있는 키를 건네주기만 하면 된다). 그러니까 손님이 스페어 키를 가지고 있는지 어떤지를 확인하지 않으면 안 된다. 만일 가지고 있지 않아도 별로 큰 문제는 되지 않는다. 우리 회사에는 키 커터가 있어서, 스페어 키를 만드는 것은 간단하다. 문제는 스페어 키를 만들 필요가 있는가를 잊지 말고 손님에게 물어봐야 한다. 이러한 것은 별로 문제가 아니다. 최대의 문제는 극소수이긴 하지만, 솔직히 말해서 우리들을 신용하지 않는 손님도 있다는 것이다. 우리 회사가 결코 견적액을 상회하는 청구는 하지 않는다는 것을 잘 알고 있어도, 수리가 끝나기 전에 크레디트 카드를 프린트한다는 것이 마음에 들지 않는다. 작업이 완료되기 전에 크레디트 카드의 번호가 알려지는 것이 싫은 것이다. 이런 사람들에 대해서는 어쩔 수 없기 때문에 더이상 생각하지 않기로 했다. 하지만 대부분의 사람들은 이 아이디어를 환영했다.

7. 이것이 경쟁회사와의 차이를 두는 이점이 될 수 있는가?

이것은 다른 회사가 하지 않고 있는 일이다. 다른 회사를 앞지를 수 있는 하나의 방법은 될 수 있을 것이다.

8. 코스트는 얼마인가?

비용은 그다지 많이 들지 않는다. 프로그램을 설명하는 카드를 인쇄하는 것과 "익스프레스 체크아웃에 대해서 문의해 주십시오."라는 뱃지를 만드는 것뿐이었다. 비용 총액은 5백 달러였다.

9. 이익에 공헌하는가?

어떤 일이라도 고객에게 좋은 일이라면 우리 회사에 이익을 가져오게 된다. 그뿐만 아니라 우리 회사와 장기적으로 거래하고 싶다는 생각이 들게 만든다.

10. 그것을 어느 시점에서 평가할 것인가?

잘 기능하고 있는지 우리들은 매달 프로그램을 재검토하기로 했다. 지금까지는 많은 고객이 이것을 마음에 들어하고 있다.

여기서 덧붙여두고 싶은 점이 있다.

첫째로, '우선 정확하게 일을 할 것'은 딜러의 문제 이전에 상품 그 자체가 우선 제대로 된 것이 아니면 안 된다는 것이다. 딜러는 시장에 있는 최고의 상품을 팔아야 한다. 상품의 질이 좋아지면 좋아질수록 고객의 상품에 대한 불만은 적어지기 때문이다(이것에 대해서는 다른 장에서 보다 상세하게 얘기하겠다).

둘째로, 장사의 기본 법칙, 즉 자신이 구하는 것을 고객에게 주라는 법칙을 벗어나는 일도 있다.

만일 고객이 상품 A와 상품 B의 차이를 인식하지 못한다면, 딜러는 자신의 눈으로 보고 그 고객에게 가장 적합하다고 자신이 믿는 것을 권한다. 보다 높은 마진이 생기는 브랜드를 파는 쪽이 보다 높은 이익으로 이어진다 하더라도, 구태여 고객 편이 되어서 생각해야 하는 것이다.

파는 사람이 고객에게 좋다고 생각되는 것을 판다면 고객은 자신이 필요한 것을 얻게 되므로 파는 사람으로서는 '올바른 일을 한 것'이 된다.

체크리스트

✔ 사업상으로 약속한 것은 꼭 지켜라. 고객이 무엇인가를 기대하고 있을 때는 그 기대하는 것을 확실하게 이행하라. 이것은 최소한 지키지 않으면 안 되는 고객 서비스이다.

✔ 제일 좋다고 생각하는 상품을 팔라. 이것이라면 자신의 업무를 올바르게 행하는 것이 된다고 생각하는 상품, 혹은 최선의 방법만을 추천한다. 이렇게 하면 이익에의 지름길을 가려고 한다든가, 고객에게 불필요한 것을 팔려고 하는 경우에 비해서 고객은 행복해진다. 결과적으로 고객은 평생 단골이 될 것이다.

✔ 언제나 정확히 일을 해준다고 고객이 귀 점포에 기대하기 시작하면, 일하는 방식은 틀리지 않았다고 생각해도 좋다. 이 점포라면 믿을 수 있다고 고객이 생각하도록 만들어야 한다.

CHAPTER *9*

좋지 않은 일이 일어났을 때

뭔가 좋지 않은 일이 일어났을 때는 어떻게 해야 하는가?

최고의 사람들을 고용하고, 한번에 정확히 일을 하는 것의 중요성을 늘 강조하고, 모든 것이 원활하게 진행되도록 시스템을 설정했다 하더라도 반드시 무엇인가 문제가 일어나는 법이다. 그때 어떻게 하는가?

이것은 중요한 문제이다. 왜냐하면, 고객은 대개 문제가 생겼을 때의 대처방법에 의해서 점포를 판단하기 때문이다. 고객은 점포측이 좋은 일을 하기를 기대하고 있고, 고객은 그것을 당연하다고 간주한다. 뭔가 좋지 않은 일이 일어났을 때, 점포측이 어떻게 대처했는가를 고객은 잊지 않는다.

그렇다면 어떻게 하면 좋은가?

우선 사과하라. 그리고 나서 즉각 문제해결에 착수한다.

지난 20년간의 경험으로 나는 이상의 두 가지가 문제처리의 비결이 된다는 것을 알았다.

첫째가 사죄이다.

잘못을 저질렀다는 사실을 중대한 일이라고 생각하지 않으면 안 된다. 이쪽이 잘못한 것은 확실하며, 실수가 일어나서는 안 되는 것이다. 또한 정도가 어떻든간에 고객에게는 큰 문제인 것이다.

여기서 자동차 산업이 아니라 청바지 체인점을 경영하고 있다고 생각해 보자. 하루에 1천 벌의 청바지를 판다고 가정하고, 결함제품의 비율은 1천 벌 가운데 4벌이라고 하자. 그렇다면 매일 평균해서 4건의 문제를 끌어안는 셈이 된다. 일주일에 20건, 1년에 1천 건의 문제를 안고서 이렇게 생각하게 된다. "우리들은 꽤 잘 해나가고 있는 거야. 그도 그럴 것이 1천 벌을 팔지만 996벌은 문제가 없으니까."

이렇게 해서 결함제품이 가끔 있다고 해도 그다지 큰 문제는 아닌 것처럼 생각하기 시작한다. 그렇지만 고객의 입장은 어떤가? 1천 벌을 사는 것이 아니다. 1백 벌, 10벌은커녕 단 한 벌밖에 사지 않는 것이다. 결함제품을 교환하러 갔을 때 점원에게서 "그렇군요. 이런 일이야 있을 수 있잖아요." 하는 말을 듣는다면 어떨까? 이 손님은 한 벌의 청바지를 샀는데 그 한 벌이 결함상품이었으니까 시간을 100퍼센트 무익하게 버린 셈이 된다.

어쨌든 이 고객은 점포의 99.6퍼센트는 제대로 된 상품이라든가, 이 점포에서 취급하고 있는 청바지에 대한 불만이 얼마나 적은가 하는 식의 헛소리 따위는 듣고 싶지 않은 것이다. 자신이 안고 있는 문제에 대해서 점포측이 어떻게 대처해주는가를 알고 싶은 것이다.

고객에게는 우선 실수를 범한 사실을 진심으로 죄송하게 생각하고 있다는 것을 이해시켜야 한다.

대개는 사죄의 말로 충분하다. 그러나 만일 상당히 중요한 문제라면 사과문을 낸다든가 사죄를 하러 찾아가든가, 또 문제에 따라서는(예를 들어 세일즈맨이 서비스를 위한 차를 인수할 약속을 잊어버렸다든가)

장미꽃을 한 다발 보내든가 하는 것이 좋을지도 모른다.

또한 통상 사죄하는 것은 고객을 응대한 담당자(세일즈맨, 서비스 어드바이서)이지만, 우리 회사에서는 큰 문제인 경우에는 매니저나 나 자신이 직접 사죄를 한다. 예를 들어, 고객의 차를 부숴버렸을 때 등(유감스럽게도 가끔 이런 일도 있다)은 나를 포함해서 관계자 전원이 사과한다(물론 수리를 하든가, 다른 차를 제공한다).

그러나 어쨌든간에 고객한테 이쪽의 성실함을 인정받도록 하지 않으면 안 된다. 우리 회사는 무엇인가 사고가 일어났을 때, 어떤 경우에라도 사용할 수 있는 사과문 같은 것을 미리 인쇄해 놓고 있지는 않다. 그것은 아무것도 하지 않는 것과 같은 정도로 나쁜 짓이다. 폐를 끼쳐서 진심으로 죄송스럽게 생각한다는 것을 고객에게 납득시킬 수 있는 방법으로 대처한다. 왜냐하면, 진정으로 죄송하게 생각하기 때문이다. 장사는 고객의 도움이 되기 위해서 하는 것이지, 폐를 끼치기 위해서 하는 것은 아니기 때문이다.

불만처리의 제1단계는 "죄송합니다."라는 말이다. 그러나 단순한 사죄로는 충분하지 않다. 잘못을 시정하지 않으면 안 된다. 예를 들어, 수리 실수로 차가 되돌아온 경우에는 어떻게 하는가?

사과를 한 다음에 즉각, 비록 몇 대씩 차례를 기다리는 자동차가 있다 하더라도 그것을 수리한 공장으로 끌고들어가서 처음에 수리한 담당했던 기술자에게 재수리를 시킨다.

기술자가 작업에 들어가기 전에 슈퍼바이저(감독)가 그 기술자와 얘기를 나누기로 되어 있다. 그것은 실수가 반드시 기술자 쪽에만 있다고는 할 수 없기 때문이다. 서비스 어드바이서의 지시가 잘못었을지도 모르고, 또 갈아끼운 부품이 손님이 가지고 돌아간 다음에 고장이

난 것인지도 모른다. 그러나 어떤 이유든간에 기술자가 납득한 다음에 작업에 착수하기 위해서 얘기를 나누는 것이다.

우리 회사에서는 실수를 중대한 일로 생각하고, 실수가 발생하면 기술자 · 서비스 어드바이서 · 서비스 매니저 등 관계자 일동에게 보고한다. 전원에게 첫번째 수리를 정확하게 하는 것이 얼마나 중요한가를 인식시키기 위해서이다.

적당히 일을 한다는 말을 듣는 것은 누구나 싫겠지만, 고객으로부터 비판을 받는 것은 칭찬보다 귀중하다. 만일 일이 마음에 들지 않는다면 언제든지 말을 해달라고 해야 한다. 그렇게 하면 같은 실수를 같은 손님에 대해서는 물론이고, 다른 손님에 대해서도 두번 다시 하지 않게 된다. 잔소리를 하지 않고, 불만을 품은 채 잠자코 나가버린 손님은 두번 다시 돌아오지 않을 것이다. 다시 같은 실수를 되풀이하다가는 다른 손님을 계속 잃어버리게 될지도 모른다.

내가 제일 기뻐하는 것은 훌륭한 대응태도였다든가, 모든 것이 대단히 원활하게 진행되었다고 고객이 칭찬해줄 때이다.

제일 싫어하는 것은 고객으로부터 일솜씨가 나쁘다는 말을 들을 때이다. "댁의 회사는 자신들의 평판이 좋다고 생각하는 것 같은데, 그렇다면 내 경험을 얘기해줄까요?" 하는 말을 손님으로부터 들으면 정말로 싫어진다. 그럴 때 나는 최악의 기분이 된다. 그것은 단순히 실수를 지적하는 사람의 말투가 불쾌해서 그런 것이 아니다.

나는 비판당하는 것은 싫지만 그것 이상으로 좋지 못한 일을 했을 때, 정확히 그것을 지적받고 싶다. 우리들은 무엇이 잘못되었는가를 알고 싶으며, 개선하고 싶다.

그래서 만일 결점을 지적받기를 원한다면, 손님이 말하기 쉽도록 해주어야 한다.

얼굴을 맞대놓고 말하고 싶어하는 사람도 있다. 불만을 빨리 털어놓고 싶은 것이다. 그러한 경우, 우리 회사는 불만을 최후까지 잠자코 듣기로 했다. 최초의 두세 마디로 무엇이 문제인지 곧 알아내고 그 해결법을 알고 있더라도 말이다. 어쨌든 손님의 입으로 말하게 한다. 말하고 싶은 것을 전부 말하고 마음이 후련해지기를 바라는 것이다.

이런 식으로 불만을 털어놓는 것은 딱 질색이라는 손님도 있다. 그래서 우리 회사에서는 경리계의 창구에 세 가지 항목으로 된 조사표를 준비하거나, 고객조사나 포커스 그룹을 운영하는 것이다.

우리들이 좋지 않은 일을 했을 때는 언제든지 말해주기 바란다. 만일 손님이 불만인데도 그것을 털어놓지 않으면, 그러는 사이에 그 손님은 찾아오지 않게 된다. 지금까지 행해진 고객 서비스 연구에서는 어느 것이나 문제를 해결하든가, 또는 최소한 사과를 하면 손님을 잃지 않는다는 결과가 나와 있다.

비판을 받는 것이 아무리 괴로운 일이라 하더라도 이쪽으로서는 무엇이 잘못되었는지 찾아내지 않으면 안 된다. 유감스럽지만, 장래의 개선을 위해서는 이것밖에 방법이 없다.

실수에 대해서 또 한 가지 말해둘 것이 있다. 이쪽이 자신의 일에 높은 자기 기준을 설정하면, 이번에는 흠을 잡으려고 하는 사람이 나타날지도 모른다. 주차장에서 츄잉 껌의 포장지가 떨어져 있지 않은가를 눈을 크게 뜨고 찾아다니거나, 손님을 대하는 태도가 불만이라든가 하면서, 이쪽이 뭔가 실수를 저지르기를 기다리는 것이다.

그것은 그것대로 좋다. 실수를 배제하고 개선을 도모해나가는 이유를 또 하나 제공해주기 때문이다.

체크리스트

✔ 아무리 열심히 했다 하더라도 좋지 못한 일은 반드시 일어나는 법이다. 그때는 우선 사과하라. 간단한 일이다. 고객은 나쁜 기분은 들지 않을 것이다. 그러나 대부분의 사람들은 "미안합니다." 하는 한마디를 하지 않는다. 사죄한 다음에는 즉각 고객의 눈앞에서 문제를 해결해주어야 한다.

✔ 고객이 불만을 말하기 쉽게 해주라. 이것은 결코 유쾌한 일은 아니지만, 적어도 당신은 결함을 시정할 기회를 얻게 된다.

✔ 비판을 전적으로 받아들일 자세를 취해보라. 자기 기준을 높이 설정해 두면 잠재적인 결함을 일부러 찾아내려고 하는 고객이 나타나는 법이다. 그것은 그것대로 좋다. 그것은 실수를 배제하지 않으면 안 될 이유를 또 하나 이쪽에 제공해주기 때문이다.

✔ 누구에게나 최악의 날은 있다. 고객에게도 있다. 고객이 감정적으로 나오더라도 용서해주도록 하라. 자신을 억제하고, 관용의 정신을 가지고, 고객이 다시 찾아오기 쉽게 해주라(이러한 고객은 다음에 올 때 아마 약간 창피한 생각이 들겠지만).

CHAPTER 10

항상 고객이 원하는 것을 제공하라

앞에서 말한 것처럼 서비스 제공의 최고 방법 중 하나는, 고객이 무엇을 원하고 있는가를 묻고, 그것을 제공해주는 것이다.

그러나 고객이 구하는 것이 없는 경우, 어떻게 제공할 수 있는가?

그래서 재고관리나 그 시스템의 중요성이 문제가 된다.

고객을 절대로 실망시키지 않는 확실한 방법은 항상 방대한 부속 재고를 가지고 있는 것이다. 물론 이것은 하나의 방법이지만, 비싸게 먹힌다. 방대한 재고는 방대한 자금을 필요로 하며, 만일 매상이 수반하지 않는다면 틀림없이 도산한다.

항상 고객의 요망을 충족시키는 체제를 만들기 위한 보다 좋은 방법으로 소개할 수 있는 것은, 재고를 분석하여 창고에 무엇이 필요한가, 무엇이 필요하지 않은가를 파악하는 시스템의 채용이다. 채용하기 전에 우선 투하자본의 코스트를 산출하고 검토하지 않으면 안 된다(우리 회사의 경우, 총액 2천만 달러의 가치를 지닌 신차·중고차·부품의 재고에 대해서 연리 9. 75퍼센트의 이자가 일 년에 195만 달러가 들어간다).

예를 들면, 어떻게 신차 재고를 파악할 것인가? 우리 회사의 재고는

45일분이며, 이 숫자는 착실하게 줄어들고 있다. 옛날부터 메이커의 가이드 라인으로 딜러에게 60일에서 90일의 재고를 갖게 해왔으나, 자동차 가격이 상승해서 그만한 이자지불이 겹치기 때문에 우리 회사에서는 재고를 축소해 왔다. 현재 가이드 라인은 45일까지 내려갔는데, 메이커가 발주에서 납품할 때까지의 시간단축 방법을 연구함으로써 그것은 점점 더 짧아져가고 있다. 오늘날 우리 회사에 대한 납입까지 약 6주간이 걸리지만, 캐딜락의 개리 카우거(Gary Cowger)는 그것을 2주간까지 단축하겠다고 맹세하고 있다.

우리 회사에서는 재고 레벨을 쿠페 드 빌(Coupe de Villes)은 45일, 플리트우드(Fleetwoods)는 45일 하는 식으로 각 차종별로 정해 놓는다. 이렇게 하면 재고가 많은 차종, 적은 차종을 파악할 수 있어서 발주하는 것, 하지 않는 것을 결정할 수가 있다.

총매상 대수(예를 들면, 캐딜락 전체)에 대한 특정한 차종(예를 들면, 엘도라도)의 매상 대수를 살펴봄으로써 잘 팔리고 있는 차종만 재주문하면 되는 것이다. 이것은 가령 전반적으로 매상이 저조하다고 한다면(통상 리베이트 프로그램 종료시에 그렇게 되는데) 어느 차종도 완전히 주문하지 말자고 생각하기가 쉬운데, 성급한 결정은 손해를 초래하게 된다.

재고기간별로도 조사해 보라. 45일 이상 전시장에 놓아두었던 자동차가 있다면, 뭔가 팔리지 않는 이유가 있을 것이다. 뭔가 좋지 않은 점이 있을 것이 틀림없다. 인기가 없는 색깔이든가, 더럽혀져 있다든가, 혹은 구석에 놓아두었기 때문이든가. 직접 가서 눈으로 확인하고 문제가 무엇인가를 조사하지 않으면 안 된다. 무엇이 팔리느냐와 마찬가지로 무엇이 팔리지 않느냐를 조사하는 것도 중요하다.

그러나 평가하는 데 있어서 가장 중요한 것은 고객이 구하는 상품이 재고에 있느냐 없느냐 하는 것이다. 만일 고객이 재고에 없는 것을 원한다면, 그것을 로스트 세일로 기록하고, 이것을 면밀하게 조사한다. 이것은 무엇을 주문해야 하는가를 아는 방법의 하나이다. 흔히 백화점의 바이어는 육감에 의존하지만, 육감만으로는 충분하지 않다. 필요한 것은 고객이 무엇을 구하고 있는가를 '정확하게' 아는 일이다.

만일 고객이 재고에 없는 것을 원한다면, 다른 회사에 전화를 걸어서 그 상품의 제공을 부탁하라. 피차 도와주는 관계가 이뤄진다면 경쟁회사도 동의할 것이다.

어느 정도의 재고를 갖고 있을 것인가는 어느 품목이 어느 정도의 기간에 팔릴 수 있는가, 주문품이 도착할 때까지 어느 정도의 기간이 걸리는가 및 코스트에 의해서 정해진다. 발주부터 납품까지의 사이클이 짧을수록 재고가 적어도 되는 것은 당연하다. 예를 들어, 오일 필터의 경우 일주일에 2백 개 판매된다면, 45일분의 재고는 필요가 없다. 그래서는 충분한 자금을 재워두게 되기 때문이다. 주 2백 개가 필요하니까 재고수준을 4백 개로 하고, 주 1회 부족분을 발주하면 된다.

렉서스(토요타의 고급차 판매상)의 경우는 세계 최고의 자동차 부품 재고관리 시스템을 가지고 있어서, 우리 회사는 매일 부족분을 발주하면 된다. 필요한 양만큼 재고를 갖게 됨으로써 우리 회사나 렉서스에나 다 재고 코스트가 낮아진다.

재고상품이 어느 정도의 기간 동안 창고에 놓여져 있는가를 알기 쉽게 하기 위해서, 우리 회사에서는 컬러 코드의 꼬리표를 이용하고 있다. 각 상품에 꼬리표를 붙이고, 꼬리표의 색깔로 어느 정도 재고가 잠자고 있었던가를 알 수 있게 되어 있다. 청색은 1월에, 적색은 2월에 사입한 상품이라는 식이다.

의료품 등 소매점의 경우에는 재고품을 상점에 표시해 두면 사람들의 눈에 잘 띄게 된다. 커다란 3각형의 가격표가 붙어 있으면 3월의 사입품, 커다란 4각형은 4월의 사입품이라는 식으로, 좀더 눈에 띄지 않는 방법을 사용하는 것이 좋을 것이다(우리 회사에서는 팬더 미러 뒤쪽에 컬러 코드화된 둥근 씰을 붙여놓고 있다).

이러한 아이디어에 의해서 재고량을 한정하고, 관리비를 축소할 수 있다. 그러나 세계 최고의 재고관리 시스템을 가지고 있다 하더라도, 고객이 원하는 상품이 항상 준비되어 있다고는 할 수 없다.

돈을 들이지 않고 재고의 폭을 넓히는 한 가지 방법은 동업자와 상품을 서로 융통해 쓸 수 있는 관계를 만들어두는 일이다. 여성복 가게라면 고객이 원하는 것이 없을 경우를 위해서 근처의 가게와 그와 같은 관계를 만들어둬야 할 것이다. 자신의 가게에서는 검은색 옷이 많이 팔리고 저쪽 가게에서는 그린이 잘 팔리는데, 그린이 품절이 되었다면 그 점에서 거래가 성립이 된다. 우리 회사는 다른 딜러와 때로는 경쟁회사와 항상 거래를 하고 있다. 가령 고객이 독특한 색깔의 컴비네이션이라든가 특수한 자동차를 원한다면, 우리 회사에서는 그것을 손에 넣기 위해 어떤 노력도 마다하지 않는다. 고객을 위해 시애틀에 있는 딜러까지 가서 찾아낸 일도 있다.

상품을 서로 융통해 쓰면 실제로 재고가 없어도 상품 공급력을 높일 수가 있다. 우리 회사에서는 그것이 대단히 유효한 아이디어라는 것을 알았다.

체크리스트

✔ 이 상품은 재고가 있는가? 재고를 얼마나 준비해야 하는가? 어느 정도의 기간 동안 보관되어 있었는가? 재고 시스템이 이러한 질문에 대답할 수가 없다면, 훌륭한 고객 서비스 제공은 필요 이상으로 어려워진다.

✔ 재고는 코스트 요인이다. 재고를 주의깊게 모니터함으로써 상품회전율을 높이고, 재고 코스트를 축소시킬 수가 있다.

✔ 납품업자별로 발주-납품 사이클을 측정하고, '저스트 인 타임'(JIT) 재고 시스템을 도입하는 방향으로 추진하라.

✔ 필요할 때에 상품을 서로 융통할 수 있는 관계를 다른 동업자와 만들어두라. 원하는 상품이 재고에 없었다는 이유만으로 고객이 떠나가는 것을 방지하지 않으면 안 된다. 손님의 희망상품이 없었을 때 그 상품을 돌려주는 점포를 근처에 만들어두도록 하라.

CHAPTER 11

항상 개선을 게을리하지 말라

고객에 대한 서비스로 무료로 대차를 제공하기로 한 카 딜러는 텍사스 주에서는 우리 회사가 처음이었다. 또한 토요일의 24시간 영업을 개시한 최초의 카 딜러이기도 했다. 이러한 아이디어 덕분에 몇년 동안은 경쟁회사와 엄청나게 큰 격차를 벌릴 수가 있었다. 문제는 우리 회사의 선두가 그리 오랫동안 계속되지 않았다는 데 있다. 그러는 사이에 두 경쟁회사가 우리 회사를 흉내내기 시작했다. 오늘날 이 두 개 회사는 전 미국에서 제2위와 제3위의 대차수를 자랑하고 있으며(그렇기는 하지만 우리 회사의 합계 275대에 비해 각 회사는 50대이다), 현재는 토요일 영업도 행하고 있다.

그래서 우리 회사는 판돈을 더 올리기로 했다. 영업시간을 오후 8시까지 연장했던 것이다. 이것으로 고객은 폐점시간인 오후 6시까지 무리를 해서 점포로 달려올 필요가 없어졌다.

그것도 다른 회사가 역시 모방을 해서, 우리 회사는 더욱 더 판돈을 늘려나가게 되었다.

우리 회사에서는 캐딜락과 렉서스의 세일즈맨에게 조수를 붙여서, 고객의 집에 대차를 배달하고서 차를 인수해 왔다. 수리가 끝나면 조

항상 우수한 서비스를 제공하라 99

수는 그 차를 배달하러 가서 대차를 인수해 오는 것이었다. 그래서 고객은 점포에 올 필요가 일체 없어졌다.

우리 회사의 서비스 프로그램 개선의 종점은 어디인가? 끝은 없다. 좀더 많은 고객을 끌어들이기를 원한다면(더구나 기존의 고객을 유지하면서), 고객이 우리 회사와 거래를 계속하고 싶어하는 이유를 차례차례로 만들어 나가지 않으면 안 되기 때문이다.

그리고 고객은 언제나 만점을 주는 것은 아니니까 새로운 아이디어를 계속 짜내고, 게다가 지금까지의 아이디어를 계속 개선해 나가지 않으면 안 된다. 만일 누군가가 보다 좋은 것, 즉 보다 편리하고, 보다 좋은 서비스, 보다 싼 가격을 제시한다면 우리 회사가 그때까지 아무리 좋은 일을 해왔다 하더라도 고객은 떠나가버리고 만다.

"진보하지 않는 것은 퇴보하는 것이다."라는 말은 지금은 흔해빠진 문구가 되어버렸지만 문자 그대로 진실인 것이다. 일본인들은 이 지속적 향상을 '개선'(改善)이라고 부르는데, 이것을 실행하는 한 무엇이라고 부르건 그것은 상관없다. 기업이 살아남기 위해서는 개선, 그것도 지속적인 개선이 절대로 필요한 것이다.

개선의 길은 무수히 많다.

첫째는, 경쟁회사에서 물건을 사보는 것이다. 흉내내야 할 새로운 프로그램을 라이벌 회사가 도입했는지 아닌지를 항상 체크하고, 또한 어떤 판매전략으로 우리 회사에 대항하고 있는가를 알기 위해서이다. 예를 들면, 우리 회사에서 대차를 도입했을 당시 경쟁회사에서는 고객으로부터 소웰 빌리지에서는 하고 있는데 왜 댁에서는 하고 있지 않은가 하고 질문을 받았을 때, 이렇게 대답했다고 한다.

"네, 소웰 빌리지는 분명히 대차 서비스를 한다고 떠들고 있습니다만, 당신은 대차가 필요하다고 말씀해 보신 적이 있습니까? 만일 그렇게 말해도 한 달을 기다려달라고 말할 것입니다."

실제로 그런 일은 없었지만, 손님을 기다리게 한 일이 전혀 없었다고는 말할 수 없다.

결국 대차수를 자꾸만 늘려나감으로써 사태는 개선되었다. 일단 경쟁회사가 우리 회사에 대해서 뭐라고 말을 하는가를 알았기 때문에, 그것을 최우선적으로 해결했던 것이다.

경쟁회사를 정찰하는 것에 추가해서, 우리들은 레스토랑이나 백화점이 사용하고 있는 아이디어도 실행했다. 자신의 점포에서 쇼핑을 하는 것이다. 우리 회사에서는 어떤 회사와 계약해서 일 년에 두 번 '미스테리 쇼퍼'(Mystery Shoppers)를 사용해서, 우리 회사에서 차를 사달라고 하기로 했다. 어떤 사람이 차를 사러 오는지, 언제 사러 오는지는 전혀 알 수가 없다.

그 사람이 우리들이 부탁한 미스테리 쇼핑 회사의 체크리스트에 따라 채점한다. '고객'에게 재빨리 인사했는가? 세일즈맨은 테스트 드라이브를 하게 해주었는가? 끝까지 따라가 주었는가? 이것이 끝나면, 그 회사로부터 상세한 보고서가 보내져 온다. 미스테리 쇼퍼는 개선할 분야를 발견하는 하나의 방법이다.

계속 선두에 서기 위해서는 이상의 사항을 실행해 나가지 않으면 안된다. 그것은 바로 스포츠와 마찬가지다. 월드 시리즈의 우승 팀이 같은 팀 편성을 유지했다 하더라도 2년, 3년, 4년씩 계속 우승하기는 어렵다. 자기 만족에 빠질지도 모르고, 선수가 나이를 먹어서 우승했을 때와 마찬가지로 플레이를 할 수 없게 될지도 모른다. 또한 다른 팀이 트레이드나 드래프트로 전력을 강화하고 있을지도 모른다.

비즈니스에도 같은 말을 할 수 있다. 경쟁의 레벨은 하루가 다르게 향상되어가고 있다. 예를 들면, 자동차 잡지가 모두 렉서스는 고급 차의 새로운 스탠더드를 확립했다, 다른 자동차 메이커도 그 수준에 도달하지 않으면 안 된다고 썼다고 하자. 그렇게 되면, 그 이상이 되지 않으면 경쟁에 이길 수가 없다. 이 경우에 가장 중요한 것은 지속적으로 개선을 해나가는 시스템이다.

높은 목표를 설정하고, 그것이 달성되면 목표를 한층 더 올려나가라. 그렇게 하지 않으면 자신이 얼마나 훌륭한 업적을 달성한 것일까 하고 자기만족에 젖어 있는 사이에 누군가가 앞질러나간다. 지나치게 충분한 것은 없다.

지속적인 개선 프로그램을 어떤 식으로 수행해나가는가? 이것은 어려운 일은 아니지만, 시간이 걸리는 일이다. 우리 회사에서는 정기적으로 작업의 전 공정을 하나도 빠짐없이 점검하고, 개선해야 할 부분이 있는가를 평가한다. 그리고 모든 것을 한꺼번에 개선해버리려고는 하지 않는다. 예를 들면, 매년 3월과 9월에는 점포의 외관 전체를 재검토한다든가, 2월과 8월에는 가구와 전시실을 재검토한다. 무엇이 낡았는지, 유행에 뒤떨어졌는지를 점검하는 타임 테이블은 유동적이어도 괜찮다. 중요한 것은 일정한 간격으로 점검하는 일이다.

시스템에 대해서도 재검토를 한다. 정기적으로, 가령 인사채용에 대해서 재검토하고, 어디를 개선할 수 있는가를 생각한다. 현재 행하고 있는 것을 폐지하려는 방향으로 생각하는 것이 아니라, 개선의 길을 찾기 위해서 행하는 것이다.

우리 회사에서 실천한 한 가지 예를 소개하겠다. 한때는 우리 회사 세일즈맨의 매상은 월간 16대였다. 이것은 그다지 나쁘지 않은 숫자이지만(전 미국 평균의 두 배였다), 최근에 재검토한 바에 의해서 이것을 좀더 개선하는 방법을 시도했다. 즉 '팀 20'(Team 20)이라는 인센티브 프로그램을 만들고, 월간 20대 이상의 자동차를 판매한 세일즈맨에게는 장려금을 지급하기로 했다. 한 대라도 더 많이 팔면 팔수록 보다 고액의 회사 전액부담의 여행이나 현금이 주어지게 되었다.

서비스에 대한, 데밍과 다구치의 계산에 의한 우리 회사의 고객 만족도 지수(CSI)는 현재 96퍼센트인데, 1년 이내에 이것을 98퍼센트까지 끌어올릴 것을 연구하고 있다.

우리 회사에서는 항상 궁극적인 성공을 목표로 하고 있다. 그것은 최고의 세일즈맨의 획득과 CSI를 100퍼센트로 하는 것이다. 현실적으로는 하루아침에 대폭적인 변혁을 할 수 없다는 것도 잘 알고 있다. 조그만 개선을 겹쳐나가는 수밖에 길은 없지만, 명심하고 계속적으로 행해나갈 작정이다.

이 프로세스에는 결코 끝이 없다. 만일 현재의 CSI가 96퍼센트이고 98퍼센트에 육박해가고 있다면, 보통 같으면 파티라도 열고 그 다음에는 조금 편히 쉴까 하고 생각할 때다. 아무튼 이 정도의 개선을 기록하기 위해서는 많은 노력이 필요했던 것이다. 그러나 성공을 축하해야 한다 하더라도(제12장 참조), 그렇게 오래는 축하할 수가 없다.

그런 짓을 하고 있다가는, 어깨를 두드리며 칭찬하고 있는 동안에 누군가가 우리들을 따라올 뿐만 아니라 앞질러 갈지도 모르기 때문이다.

체크리스트

✔ '일등'이라는 것만으로는 충분하지 않다. 다이어트 콜라나 카페인 없는 음료를 발견한 것은 펩시(Pepsi) 사도 코카콜라(Coke) 사도 아니다. 발명한 것은 다른 회사인데 지금 시장은 펩시 사와 코카콜라 사에 의해 잠식당하고 있다. 한번 새로운 아이디어를 냈다고 해서 그곳에 멈춰서버리면 실패한다.

✔ 항상 개선을 게을리하지 말라. 아이디어를 일단 개선하면, 다시 한번 개선하라. 언제까지나 선두에 머물러 있고 싶다면, 사내의 모든 곳에서 지속적인 개선을 행하지 않으면 안된다.

✔ 정기적으로 전 공정 하나하나를 재검토해 보라. 그렇게 하면 개선가능한 곳을 발견하기가 쉬워진다.

✔ 속이는 것……도 필요하다. 개선가능한 것을 찾아내기 위해서 정기적으로 경쟁점포와 자기 회사의 점포에서 쇼핑을 해봐야 한다.

THREE

어떻게 고객과 종업원에게 대응해야 하는가?

CHAPTER 12

종업원도 고객과 똑같은 정도로 소중하다

이 책에서 지금까지 다루지 않았던 점을 여기서 설명하기로 한다. 종업원은 고객과 똑같은 정도로 소중하며, 또 소중하게 다룰 필요가 있다.

왜 그러한가? 우선 그렇게 하는 것이 당연한 일이며, 동시에 그것이 회사의 이익으로 이어지기 때문이다. 아무리 종업원에게 뛰어난 고객 서비스를 기대해도, 종업원의 대우가 나쁘면 무리인 것이다.

"어째서 종업원에게까지 신경쓸 필요가 있는가? 급료를 지불하고 있지 않은가? 그것으로 충분하지 않은가?" 하고 반문하는 사람도 있을 것이다.

천만의 말씀이다!

자신의 직업이 마음에 드느냐, 안 드느냐고 이유를 물었을 때, 그것에 대해 사람들이 거론하는 첫째 이유는 돈이 아니다. 급료 얘기가 나오기 훨씬 전에 우선 이렇게 말할 것이다. "이곳은 일을 하기에 아주 좋은 곳입니다.", "경영자는 나에 대해서 무척 신경을 써줍니다.", "경영자는 나를 인격을 가진 성인으로 취급해줍니다." 등등.

종업원을 소중히 다루는 것은 우선 그들의 작업장에서부터 시작된다. 우리 회사의 서비스 센터를 직접 보는 사람은 그다지 많지 않지만 (보험회사는 관계자 외의 출입을 될 수 있는 대로 통제하고 싶어한 다), 구경하고 난 사람은 모두 반드시 그 청결함에 놀란다. 사실 얼룩 이 하나도 없다.

왜? 그 이유는 아무리 고객에게는 보이지 않는다 하더라도 기술자는 언제나 보고 있기 때문이다. 하루종일 이곳에서 일하고 있는 것이다. 당신은 어떤 장소에서 하루를 보내고 싶다고 생각하는가? 더러운 장소 인가, 아니면 얼룩이 하나도 없는 곳인가?

그곳에는 단순한 미적 감각 이상의 것이 있다. 기술자의 노동환경을 보다 프로페셔널하게, 보다 즐겁게, 보다 능률적으로 만들고, 또한 최 고의 설비와 도구를 제공한다면 기업은 최고의 기술자를 고용할 수가 있다.

최신의 자동차에 필요한 프로 기술자란 사실상 엔지니어이다. 우리 회사에서 일하는 기술자 중 몇 사람인가는 어떤 이유 때문에 대학에 다니지는 못했지만, 모두 엔지니어에 필적하는 두뇌의 소유자들이다. 머리가 좋은 사람들은 하루종일 어둡고 기름때가 묻은 정비실에서 보 내는 것을 싫어한다. 아니 누구나 쾌적한 환경 쪽을 틀림없이 좋아할 테니까 그것을 제공해주는 것이다. 청결할 뿐만 아니라 안전하고 채광 도 충분히 들게 해준다. 이러한 모든 조건이 기술자를 경쟁회사가 아 니라 우리 회사에서 일하고 싶다고 생각하게 만드는 것이다.

세일즈맨에게는 멋대가리 없는 커다란 합숙소 같은 방이 아니라, 한 사람 한 사람에게 독립된 사무실 공간을 제공해주었다. 가족이나 취미 사진도 장식할 수 있게 되어 있다.

이것은 도리에 맞는 일이다. 만일 한 개의 책상을 다른 사람과 함께

쓰게 하거나, 칸막이로 막힌 4피트 사방의 스페이스에서 일을 하게 한다면, 프로페셔널한 것을 기대한다는 것은 애당초 무리한 얘기다.

우리 회사에서는 항상 거래해주는 것에 대해서 고객에게 감사하고 있다. 또 언제나 좋은 일을 해주는 것에 대해서 종업원에게 감사하고 있다. 어느 쪽의 감사도 마찬가지로 다 중요하다.

나는 종업원을 우대함으로써 보다 좋은 인재를 끌어들일 수 있다고 생각한다. 또한 나는 가족적인 분위기를 진심으로 원하고, 제너럴 매니저 전원은 부하가 곤경에 처했을 때를 위해서 의사·병원·변호사·공인회계사의 리스트를 갖고 있다.

그리고 언제나 거래에 대해 고객에게 감사하는 것처럼, 언제나 좋은 일을 해주는 종업원에게 감사한다. 이것은 중요한 일이다.

종업원에 대한 감사를 나타내기 위해서 우리 회사는 다양한 방법을 채택하고 있다. 고객에게 특별히 잘해준 종업원의 얘기는 사보에 전부 싣고 발표한다. 이렇게함으로써 그들의 행동을 독려해줌과 동시에, 그것은 전 종업원에 대해서 무엇이 평가의 대상이 되는가를 전하는 수단도 된다.

'등 두드려주기'(Pat on the Back) 상이라는 제도를 우리 회사는 실시하고 있다. 이것은 전 사원에게 누군가 좋은 일을 한 사람을 보거든(손님을 위해 자신의 업무범위를 벗어나서까지 도와주었다든가), 그것을 'Pat on the Back' 용지에 기입해서, '직무의 사명을 초월해서' 일한 그 종업원에게 건네준다. 그 용지는 3매 복사로, 한 장은 당사자에게, 두번째 것은 그 사원의 상사인 매니저에게, 세장째는 나에게 건네주도록 되어 있다. 이것은 즐거운 아이디어이다. 사람들은 타인에게 공적이 알려지는 것을 기뻐하는 법이기 때문이다.

성공을 축하하고 감사를 나타내는 방법으로 나는 바베큐 파티를 좋아한다. CSI에서 새로운 기록을 수립했을 때는 바베큐 파티를 연다. 현수막을 둘러치고, 전원이 참가하여 훌륭한 업적을 올린 것에 대해서 얘기를 나눈다. 우리 회사는 이러한 파티를 언제나 영업시간 내에 연다(그러나 교대제로 되어 있기 때문에 고객의 응대에 지장은 없다).

파티를 평일에 여는 것도 또 다른 의미에서 감사하는 마음의 표현이다.

체크리스트

✔ 오늘 종업원에게 감사했는가? 고객에게 감사한다면 일을 해 주고 있는 종업원에게도 감사를 해야 할 것이다.

✔ 부하에게 맡겨도 좋은 일은 많이 있지만, 좋은 일을 한 종업원에 대한 감사의 표명은 타인에게 맡길 수 없는 일이다. 경영자의 감사는 단지 그가 경영자이기 때문이라는 이유만으로 한결 더 커다란 의미를 갖는다.

✔ 기회 있을 때마다 될 수 있는한 빈번하게 영업시간 내에 경영자로서의 감사를 표명하라. 감사파티를 개최하는 데 토요일 오후 2시가 아니라, 수요일 오후 3시면 왜 안 되는가? 이것은 경영자가 진심으로 감사하고 있다는 것을 종업원에게 보여주는 좋은 방법이다.

✔ '110% 달성 상'을 제정하여 종업원에게 상을 자주 주도록 하라. 그것은 기념패, 기념사진, 기념뱃지 등으로도 충분히 효과가 있다.

CHAPTER 13

고객이 언제나 옳다고는 할 수 없다

여러분은 옛날부터 전해내려온 이런 격언을 들은 적이 있을 것이다. "손님은 언제나 옳다." 나도 그것이 진실이라고 생각한다. 분명히 대개의 경우는 그렇다. 우리 회사의 일에 고객이 불만이라면 무엇이 나빴는가를 묻고, 거의 어떤 경우라도 무료로 다시 수리해준다.

그러나 고객은 항상 절대로 옳은가? 그럴 리는 없다.

물론 예외도 있다. 예외는 공평함의 문제이거나, 때로는 들어가는 금액의 다과 문제인 경우도 있다.

금액이 적은 경우에 "고객은 언제나 옳다." 스튜 레너드(Stew Leonard)는 세계 최대의 식육·낙농품 판매점을 경영하고 있는데, 언젠가 그가 '필레 미뇽'(소의 허리고기) 1파운드에 5.98달러로 팔 때 2파운드를 사간 여성의 얘기다. 다음 주, 그는 특매를 해서 1파운드에 4.98달러로 팔기로 했다. 그때 그 여성이 찾아와서 자기가 일주일만 더 기다렸더라면 절약할 수 있었을 2달러를 돌려달라고 말했다.

스튜 레너드는 2달러를 돌려주었다. 나 같아도 그랬을 경우이다.

그러나 2천 달러인 경우에는 과연 어떻게 하겠느냐고 하면, 그것은 좀 얘기가 달라진다.

"고객은 언제나 옳다."는 따위의 말은 그 금액이 상당히 적은 경우의 얘기다. 스튜 레너드는 아마 맥도널드(McDonald)도 마찬가지겠지만, 만일 고객이 불만인 경우에는 주문한 물건을 손님이 말하는 대로 바꿔준다고 한다. 그러나 이러한 얘기에 나오는 상품은 고액이 아닌 것이다.

5백 달러까지 점포측은 아무 말도 하지 않고 응할 것이다. 그러나 액수를 넘어가면, 책임자의 판단이 필요한 영역이 된다.

만일 고객과 거래를 계속해나가고 싶다면 고객의 요구대로, 또는 오히려 그 이상으로 주저하지 않고 응해야 한다. 만일 고객의 요구에 충분히 응하지 못한다면, 아무것도 하지 않은 것과 마찬가지가 된다. 고객의 신뢰를 잃게 되기 때문이다.

여기서 몇 가지 사례를 예로 들어본다.

＊어떤 고객이 서비스를 받기 위해 자동차를 가지고 왔을 때, 테니스 라켓을 차 안에 잊어버리고 놓아두고 왔다고 했는데, 그 라켓이 없어졌다. 서비스 담당자 가운데 테니스를 좋아하는 사람이 없다는 것을 잘 알고 있었지만, 우리 회사에서는 그 고객에게 새 라켓을 사주었다.

＊15년 전의 일이다. 간트 셔츠가 6달러 50센트였을 때, 한 주식중매인이 우리 회사의 점포에서 간트 셔츠가 무엇엔가에 걸려 찢어졌다고 하면서, 65달러의 청구서를 보내왔다. 우리들은 지불했다. (이 경우와 비슷한 일을 전 미국을 돌아다니면서 한 사나이가 있었

다. 그는 점포에서 차를 구경하고 있는 사이에 셔츠가 찢어졌다고 하면서 많은 딜러 경영자에게 편지를 보냈다. 이 셔츠 건을 꺼냈을 때 종업원이 대단히 실례를 범했다는 것, 또한 자기는 딜러가 이런 것을 변상할 생각이 없다는 것을 알고 있다는 것, 또 겨우 셔츠는 35달러밖에 안 하는 대단한 것이 아니지만, 경영자라면 점포에서 무슨 일이 일어났는지 알고 싶어할 테니까 이런 편지를 쓴다고 했다. 그는 이 편지를 전국의 모든 캐딜락 딜러에게 보내고, 고객을 화나게 하고 싶지 않다는 딜러의 심리를 이용해서 상당히 많은 돈을 뜯어냈던 것이다).

* 그리고 이런 일도 있다. 유료도로 요금으로 차 안에 놓아둔 잔돈을 도둑맞았다든가, 트렁크 속의 새로 산 스포츠 자켓이 없어졌다든가, 점포의 드라이브웨이 기계유로 인해서 새로 산 구두가 못쓰게 되었다는 등등의 항의를 해오는 손님들도 있다. 어떤 경우에나 우리들은 수표를 보낸다.

이것은 사업상의 필요경비이며, 예산에 편성되어 있다.

우리들은 속고 있는 것일까?

그렇다.

조그만 일이라고는 하지만, 속는다는 것은 기분이 나쁘지 않은가?

안 나쁘다.

이런 기질을 가진 사람들의 비율은 전 세계에서 기껏해야 1퍼센트밖에 안 된다. 이런 사람들은 점포를 속여서 기분좋다고 생각할 것이다.

우리 회사 쪽도 때로는 짜증이 나지만, 그런 생각과 싸우지 않으면 안 된다. 왜냐하면, 99퍼센트의 사람들은 모두 대단히 정직하니까 말이다. 그들이 설사 우리 점포에 오기 전에 다섯 군데나 들렀다 하더라도 점포에 차를 몰고 들어왔을 때는 분명히 트렁크에 테니스 라켓이

114

들어 있었다고 믿으며, 그뒤 두 군데를 더 들렀어도 귀가할 때까지 라 켓이 없어진 것을 깨닫지 못할 것이다.

누가 거짓말을 하는지 규명하려 든다면 이쪽에서 그릇된 추측을 하는 경우도 있을 것이고, 그러면 모처럼의 고객을 멀리 떠나보내게 된다. 고객이 어떤 문제를 가지고 들어오면, 그것을 주장대로 받아들이는 쪽이 훨씬 이득이다.

불만이 있는 고객을 응대할 때의 문제는, 정말로 해야 할 일은 도대체 무엇인가 하는 것이다.

스탠리 마커스(Stanley Marcus)는 그의 저서『마인딩 더 스토어』 (Minding the Store) 속에서, 장사를 계속해나가고 싶다면 애매한 말투나 핑계 같은 것을 빼버리고 고객의 요구를 모두 충족시켜 주어야 한다고 말한다. 적당히 응대하면 고객을 잃어버리게 된다.

100달러짜리 셔츠가 못쓰게 되었다고 항의를 하면 "대단히 죄송합니다!" 하면서 100달러짜리 수표를 보낸다. 그것으로 모든 것은 원만하게 해결될 것이다.

그러나 고객이 100달러짜리 셔츠라고 말했을 때 "그 셔츠는 오랫동안 입었죠? 그렇다면 얼마간 감가상각이 되겠네요. 50달러면 어떻겠습니까?" 하고 말한다면, 그때는 트러블이 생기게 된다. 만일 50달러 밖에 지불하지 않는다면, 아무것도 하지 않은 것이나 마찬가지가 될 것이다. 왜냐하면, 셔츠의 가치에 대해서 논의한 것으로 말미암아 고객의 감정을 훼손시킨 셈이 되기 때문이다.

스탠리 마커스는 이 책 속에서 자기가 처음으로 가게에서 일하기 시작했을 때 경험한 예를 소개하고 있다. 어떤 여성이 손으로 짠 레이스의 무도회용 가운을 샀다. 그녀는 그것을 집으로 가지고 돌아가 꼭 한

번을 입었다는데, 반품하고 대금을 돌려주었으면 좋겠다고 말했다. 스탠리 마커스의 말에 의하면 "그 가운이 거칠게 다루어졌다는 것은 보기만 해도 금세 알 수 있었다. 마치 그것을 입고 레슬링이라도 한 것 같았다."는 것이다.

스탠리 마커스는 기꺼이 돈을 돌려주었다. 드레스의 가격 175달러(이것은 1932년의 물가이다)보다도 그 고객을 잃어버리는 쪽이 훨씬 더 비싸게 먹힌다고 생각했기 때문이다. 그것은 옳았다. "오랜 세월에 걸쳐서 이 고객은 50만 달러를 우리들의 점포에서 써주었으니까." 하고 스탠리 마커스는 쓰고 있다.

스탠리 마커스의 책에서 이것을 읽은 이후부터 나는 매우 마음이 편해졌다. 무엇이 공정한 것인가 핏대를 세우며 밝히는 것보다는 스탠리 마커스처럼 고객의 가치를 긴 안목으로 볼 수 있게 되었던 것이다.

우리 회사의 경우, 총액 5백 달러 이하라면 부문담당 매니저가 결재할 수 있도록 했다. 그 이상의 것은 총지배인의 결재가 필요하다. 목표는 언제나 마찬가지다. 고객이 다시 찾아오게 하기 위해서는 무엇을 해야 하느냐이다.

만일 누군가가 이쪽을 이용하려고 한다면, 그것도 과도한 것을 요구한다면, 우선 그것이 응할 만한 값어치가 있는가를 판단하지 않으면 안 된다.

손님이 자동차를 사가지고 집에 돌아가 남편에게 보였더니 "녹색은 싫소. 청색이 좋으니까 바꿔와요." 하고 말했다면, 우리 회사에서는 바꿔준다.

그러나 우리 회사에서 자동차를 산 지 10일 뒤에 다른 점포에서는 250달러나 싸게 파니까 반품하겠다고 한다면 대답은 "노우"이다. 이 손님과는 상거래를 한 것이니까 우리 회사는 그 거래를 지켜야 한다.

이따금 어쩔 수 없는 손님과 만날 때도 있다. 세일즈우먼에게 성적 위협을 가하는 남성이라든가, 종업원에게 욕지거리를 하는 사람이라든가, 우리들의 작업상의 실수를 과대하게 부풀려서 물고늘어지는 사람 등이다. 이러한 케이스에서는 "미안합니다만 어딘가 다른 점포에 가시는 편이 손님을 위해서도 좋을 것 같습니다." 하고 나가줄 것을 요구할 수밖에 도리가 없다. 그러나 그렇게까지 말한 적은 거의 없다. 기껏해야 일년에 한번 정도다. 그러나 그렇게 해야 할 때는, 나는 그렇게 말하는 데 대해서 아무런 저항도 느끼지 않는다.

때로는 우리 회사의 '단골인' 경쟁회사로 가는 길을 가르쳐줄 때조차 있다.

체크리스트

✔ 고객은 항상 어느 정도까지는 옳다. 요는 고객이 어느 정도까지 옳은가를 판단하는 데 있다. 우리 회사에서는 이자를 손님에게 유리하도록 대폭적으로 늘려놓았다. 귀사에서도 그래야만 한다. 이것은 이익이 된다.

✔ 미소를 지으면서 속아넘어가도록 하라. 고객의 요망을 충족시켜주기로 결심했다면 완벽하게 또한 기쁘게 고객의 말대로 하는 것이다. 금액 건으로 옥신각신한다든가, 어림도 없다든가, 할 수 없다든가 하는 것을 태도에 나타내서는 안 된다. 기꺼이 하는 것이 아니라면, 획득하려고 하는 고객의 호감을 잃어버리게 된다.

✔ 고객은 선인이다. 고객이 문제가 있다고 하면 100분의 99 비율로 정말로 문제가 있는 것이다. 나머지 1퍼센트로 착각을 하고, 대세를 그르치고 잘못된 대응을 하지 않도록 하라.

CHAPTER 14

우수한 서비스를 제공하려면 고객을 동참시켜라

좋은 서비스 제공은 일방통행으로만 할 수 없다. 고객에게 우수한 서비스를 받는 방법을 가르쳐줄 수도 있다.

우리 회사에서는 고객에게 일의 흐름이 원활하게 행해지도록 협력을 부탁하는 일부터 시작한다.

자동차를 수리하려고 할 때 반드시 일어나는 사태를 생각해보자. 고객은 반드시 이런 말을 듣게 될 것이다. "물론 인수하겠습니다. 그러나 우선 내일 아침에 첫번째로 이곳에 가져오시는 것을 잊지 말아주십시오."

이튿날 아침 개점 때, 예를 들면 7시 30분에 전원이 점포에 차를 가지고 온다. 길다란 행렬이 생기고, 결국 누구나 비참한 결말을 맞게 된다. 고객은 차례가 찾아오는 것을 꾹 참고 기다리지 않으면 안 되고, 서비스 부문은 대혼란이 일어나서 일이 되지 않는다.

이래 가지고는 좋은 서비스를 제공할 수가 없다. 그래서 우리 회사에서는 방식을 약간 바꿔보았다.

고객으로부터 차를 가지고 오겠다는 전화가 걸려온다. 누구나가 하는 것처럼 우리들도 우선 "인수하겠습니다." 하고 말하지만, 그때 우리들의 경우는 이미 기입된 스케줄표의 예약건을 본다. 7시 30분이 마침 복잡한 시간이라면, 오후에는 어떻겠느냐고 묻는다. 십중팔구는 "예스."라는 대답이 돌아온다. 그래도 안 된다면 "점심시간이나 퇴근 도중에는 어떻겠습니까?" 하고 묻는다(수리하는 동안에는 우리 회사가 대차를 빌려준다는 것을 잊지 않도록 한다).

몇 가지 시간 선택안을 제시함으로써 고객이 보다 용이하게 차를 가져올 수 있게 만드는 것이다. 그것은 우리 회사 측에서도 편리하다. 통상 손님이 많지 않은 시간대인 점심시간이나 폐점시간에 일감을 넣을 수가 있기 때문이다. 손님이 자동차를 5시에 가져오면 기술자는 퇴근 전에 일에 손을 댈 수가 있고, 이튿날 출근했을 때 차가 그곳에서 기다리고 있으니까 일찍 출근하는 경우가 있을지도 모른다.

누구나 다 아침에 일착으로 차를 가지고 올 필요는 없다. 일을 분산시킴으로써 어떤 수리가 필요한지를 상세하게 고객과 검토할 시간을 넉넉히 가질 수 있다는 것도 좋은 점이다.

어떻게 수리해야 하는가, 고객이 무엇을 원하고 있는가를 알지 못하면, 올바른 수리를 행하는 것도, 좋은 서비스를 제공하는 것도 대단히 곤란해진다. 어떤 수리가 필요한가, 또 무엇을 해주기를 원하는가를 고객으로부터 상세히 설명받기 위해서 여분의 10분간의 시간을 할애받는 방법을 생각하라. 그것이 바로 서비스 스탭과 고객 쌍방에 더욱 유효한 시간 사용방법이다.

충분한 시간을 고객에게 갖게 하는 것은 쌍방에게 모두 중요하다. 만일 충분한 시간을 할애받을 수 있다면, 우리 회사의 스탭과 어디가

나쁜가를 천천히 시간을 두고 얘기를 나눌 수가 있어서 올바른 수리를 할 가능성이 높아진다.

예를 들면, 오일 교환과 같은 정기적인 수리를 받아야 할 때에는 고객의 자동차를 우리 회사에서 인수하러 가는 것도 좋지만, 운전하고 있을 때 바람소리가 난다든가, 덜컹덜컹 이상음이 난다든가 할 때에는 손님이 직접 몰고 와서 상담해줄 것을 권한다. 그렇게 하면 어디서 소리가 나는지 정확히 들을 수가 있다. 바로 의사에게 찾아가는 것과 같은 것으로, 의사가 환자를 진찰하고 증상을 들을 수 있다면 전화로 약의 처방을 부탁하는 것보다 훨씬 효과적인 처치를 받을 수 있는 것은 당연하다.

고객은 언제나 서두른다. 그러나 우리 회사에서는 고객에게 불과 10분간만 여분으로 시간을 쪼개서 어디가 나쁜가를 설명해주도록 부탁한다. 그렇게 하면 정확한 수리의 가능성은 최소한 두 배로 늘어나게 된다. 이렇게 말하면, 고객은 시간을 쪼개줄 생각을 한다. 우리 회사는 물론이고 고객도 같은 부분의 재수리는 하고 싶지 않기 때문이다(만일 고객이 우리들이 아침 일찍 고객응대를 하는 것은 바쁘고, 손님은 손님대로 직장에 늦지 않을까 걱정하는 그러한 시간에 차를 가져오지 않고 다른 시간에 가져와준다면 천천히 상담을 할 수 있고, 한 번으로 철저한 수리를 하기 위한 시간을 잡을 수가 있다).

고객에게 우수한 서비스를 받는 방법을 가르쳐주는 방법이 또 한 가지 있다. 그것은 고객을 기분좋게 대해주는 일이다. 만일 이쪽이 기분좋게 대하면 손님도 이쪽에 대해서 기분좋게 응해주고, 인내심이 깊어지고, 일을 한층 더 수월하게 해준다. 손님이 짜증을 내며 왁왁 소리를 지르고 있을 때는 좋은 일을 하기가 어렵다.

또한 어떻게 일을 진행하는가를 설명해줌으로써 고객이 우리 회사의 스탭에게 접촉하기 쉽도록 노력한다. 예를 들면, 고객이 찾아왔을 때 스탭이 우선 하는 일은 고객 자동차의 정비기록을 꺼내는 일이다. 이 기록에는 담당인 서비스 어드바이서가 누구인가도 씌어 있다. 매번 같은 스탭이 담당하고 있으면 좋은 인간관계가 생겨나기 쉽다. 우리 회사에서는 고객에게 기분좋게 우리들의 스탭을 써주기를 희망하는데, 이 개인적 인간관계는 그것을 크게 도와준다. 후드 밑에서 이상음을 들었을 때, 고객이 이렇게 말해주기를 우리는 바란다. "어째서 이런 식으로 덜컹거리는지 나는 잘 모르겠습니다. 이것을 나의 '개인적인' 서비스 어드바이서인 앨런에게 맡기겠습니다. 그 사람이라면 이 자동차에 대해서 환히 알고 있으니까 잘 돌봐주겠지요."

담당 서비스 어드바이서가 누구인가를 알고 나면 이 고객의 자동차 위에 컬러 코드화한 작은 번호표를 붙여서, 이것은 앨런의 고객 차라는 것을 표시하고 그 도착을 알려준다. 그래서 앨런은 주차장에 있는 수많은 차량들 가운데서 자신이 담당할 차를 찾아내고, 다음에 어떤 차에 손을 대면 좋은가를 알 수 있게 된다.

고객은 시스템이 어떻게 움직이고 있는가를 알기 때문에, 서비스맨이 다른 자동차가 있는 곳으로 달려가서 작업에 착수하는 것을 보아도 자신의 차는 잊혀져버린 것이 아닐까 하는 걱정을 하지 않아도 된다. 고객은 이것은 일요일 아침의 빵가게에서 보는 광경과 같은 것이라고 납득하게 된다.

모두 번호를 가지고 차례대로 부르기 때문에 새치기가 끼여들지도 모른다는 걱정은 하지 않아도 된다.

고객은 기뻐하고, 그리고 그것으로 작업하기가 손쉬워진다.

체크리스트

✔ 귀사가 좋은 서비스를 제공할 수 있도록 고객에게 협력을 부탁하고, 최고의 서비스를 받는 방법을 고객에게 가르쳐주라. 찾아오는 시간대는 언제가 좋은가, 한 번에 정확히 일을 시키기 위해서 무엇을 설명하면 좋은가를 이해시켜준다.

✔ 미소를 보내면 미소가 되돌아오는 법이다. 정중하게 대하면 고객도 정중하게 대해준다. 그리고 이것은 정확한 작업을 가능하게 해준다.

✔ 고객에게 어떻게 일을 진행시키는가를 잘 설명하라. 설사 세계 제일의 시스템을 갖고 있다 하더라도 고객이 그것을 이해하지 못한다면 혼란을 초래하게 될 것이고, 최악의 경우 분노를 느낄 것이다. 그러나 일단 귀사의 시스템을 이해하고 시스템이 효과를 올린다는 것을 알게 되면, 고객은 귀사를 다시 보게 되고 다시 일을 부탁하러 돌아올 것이다.

CHAPTER 15

단골 고객을 만들어라

아메리칸 항공사의 종업원들은 회장인 봅 크랜달(Bob Crandall)을 '다스 베이더'(영화 『스타워즈』에 나오는 악역)라고 부르지만, 그는 꽤나 민완가다. 그 점에 이의가 있는 사람은 없겠지만, 항공업계에서 최초로 '자주 여행하는 사람들'에 대한 프로그램(이용횟수가 많은 고객에게 특전을 주는 프로그램)을 도입한 것만으로도 그의 능력은 증명되었다고 할 수 있다.

이 프로그램은 항공회사가 얼마만큼 고객을 소중히 여기는가를 잘 얘기해주고 있다. 모든 비즈니스는 이런 유의 프로그램을 가져야만 한다. 이것은 고객의 신뢰를 만들어내는 새로운 방법이라고 생각한다. 우리들은 고객에게 몇번이고 다시 찾아주기를 원한다. 그러기 위해서는 뛰어난 고객 서비스의 제공이 필요한 것이다.

만일 고객을 되풀이해서 다시 불러들이면, 어떤 일이 일어나는가를 살펴보기로 하자.

첫째로, 매상이 늘어난다. 고객은 우리 회사로부터 좀더 많은 것을 사준다.

둘째로, 우리 회사는 시장에서의 지위를 강화할 수 있다. 고객이 우리 회사로부터 사준다는 것은, 경쟁회사로부터는 사지 않는다는 것을 의미한다.

셋째로, 마케팅 코스트를 삭감할 수 있다. 즉, 고객을 끌어들이기 위한 경비를 그다지 많이 쓰지 않아도 되는 것이다. 이미 고객을 손 안에 넣고 있는 것이고, 또 그 고객이 우리 회사와의 거래에 만족하고, 그 좋은 점을 친구들에게 널리 선전해줌으로써 코스트를 더욱 삭감할 수 있다. 알고 있는 바와 같이 입소문만큼 강력한 광고는 없다.

넷째로, 신뢰감을 갖게 된 고객은 경쟁회사에서 해주는 몇 달러의 디스카운트 따위는 거들떠보지도 않기 때문에, 우리 회사는 가격경쟁에 말려들지 않아도 된다.

마지막으로, 만족한 고객은 우리 회사의 다른 상품도 써보고 싶다는 생각이 든다. 왜냐하면, 우리 회사가 과거에 쌓아올린 실적을 바탕으로, 지금까지 써본 적이 없는 상품이라도 사용해보려는 마음이 생기기 때문이다.

이상의 다섯 가지 이점을 감안한다면, 항공회사의 '자주 여행하는 사람들' 프로그램을 모델로 '빈번한 구매자'라는 이름을 붙여서 비슷한 프로그램을 실시하지 않을 수 없다. 이 프로그램의 존재 자체가 고객을 소중히 하는 기업의 자세를 사람들에게 전하게 된다. 대부분의 사람들은 "고객은 소중하다."는 것을 잘 알지만, 때때로 그것을 표명하는 것을 잊는다. 이 세상에서 가장 해서는 안 될 일은, 신뢰감이 있는 고객의 존재를 당연한 것으로 받아들이는 것이다. 이런 종류의 프로그램은, 우리 회사는 고객의 신뢰감을 당연한 것으로 생각하는 양반 장사는 하지 않는다는 것을 나타내준다.

'빈번한 구매자' 프로그램은 귀사가 고객을 얼마만큼 소중히 하고 있는가를 고객에게 보여주는 것이다. 이러한 프로그램의 도입은 감사의 기분이나 자칫하면 기계적이 되기 쉬운 "고맙습니다!"의 말로 나타내는 것보다 훨씬 더 효과적이다. 상품을 사주는 고객에 대해서 실질적으로 보답할 수 있기 때문이다.

이 프로그램에는 눈에 두드러지지는 않지만 중요한 포인트가 몇 가지 있다. 그 중 하나는, 고객은 자기가 언제 몇 번 이용했는가 하는 자질구레한 것을 기억할 필요가 없고, 사무적인 것은 전부 항공 회사 쪽에서 처리해준다.

나는 고객에게 자신이 어느 정도 이용했는가를 신고하게 만드는 방식은 다소 고객을 모욕하는 것 같다고 생각한다. 많은 비즈니스에서 고객은 특전을 받으려면 영수증이나 물건을 살 때마다 구멍을 뚫은 조그만 카드를 제시하도록 요구당한다. 내 생각으로는 고객에게 어떤 물건을 샀는지 기억하고 있으라는 태도는 좋지 않은 것 같다. 이런 태도는 고객에게 뭔가 갖고 싶으면 고개를 숙이라고 말하는 것이나 같기 때문이다.

'빈번한 구매자' 프로그램은 또한 점포주에게 누가 최고의 손님인가를 똑똑히 알게 해준다. 존스 부인은 오랫동안 많은 거래를 해주었으며 좋은 손님이라는 것은 알고 있지만, 그녀가 스미스 씨나 화이트 부인보다 좋은 손님인가 아닌가를 가르쳐준다. 고객과 그 거래내용 하나하나를 모두 기억하고 있을 정도로 기억력이 좋은 사람은 없을 것이다. 그러나 이와같은 정보는 가지고 있어야 한다.

고객에게 감사의 마음을 나타내는 데는 여러 가지 방법이 있다. 우선 방문하는 것, 그리고 전화를 거는 것이 있다(우리 회사에서는 자동차를 구매한 2, 3일 후에는 반드시 손님에게 전화를 걸어 모든 것이 순조로운가를 확인하고 다시 한번 "감사하다."는 인사를 한다). 또한 인사장을 보내는 것은 물론이다. 25대째 자동차를 사준 고객에게는 스튜벤(뉴욕의 고급 글라스점)의 유리그릇을 선물한다.

이런 종류의 감사를 위한 프로그램을 구체적인 상품구입에 관련시킬 필요는 없다. 예를 들면, 우리 회사에서는 고객을 위해 매년 항례적인 파티를 열고 있다. 아트 쇼가 있고, 니먼 마커스(Neiman Marcus)의 패션 쇼가 있고, 폴 프류돔(Paul Prudhomme)을 불러서 요리를 만들게 한 적도 있다.

파티에는 자동차를 구입해준 고객 전원을 게스트로 초대한다. 세일즈맨이 꼭 불러야겠다고 하는 사람은 별도지만, 원칙적으로 미래의 고객은 초대하지 않는다. 초대객은 과거에 거래를 해준 고객에 한한다. 우리 회사는 북이나 꽹가리를 쳐가면서 잠재고객을 불러모으는 따위의 짓은 하지 않는다. 이것은 우리 회사가 지금까지 계속해온 고객에 대한 감사의 표현방법이다.

또 이것은 고객과의 관계를 유지하기 위한 것이며, 고객을 위해서 우리 회사가 뭔가 해줄 수 있는 기회이다.

이런 종류의 보상 프로그램은 낭비라고 말하는 사람도 있다. '자주 여행을 하는 사람들'이건, '빈번한 구매자'이건 어느 쪽이든간에 그 고객은 언젠가는 다시 그 회사와 거래를 할 테니까 보상을 한다는 것은 어리석은 짓이며, 보상 프로그램은 다만 주머니에서 돈이 나갈 뿐이라고 말이다.

그러나 그러한 고객이 주머니의 돈을 얼마나 불려주었는가를 생각한다면, 그들에게 감사하는 것이 당연하다.

단지 고객에게 감사하는 것뿐이라고 생각하지 말고, 고객을 붙잡아 두는 수단이라고 생각하면 좋지 않을까?

인간은 뭔가 사고 감사를 받으면 나쁜 기분은 들지 않는 법이니까.

체크리스트

✔ 고객과 접촉을 계속 유지해나가라. 최고의 고객이 누구인가를 알게 되면 정기적으로 커뮤니케이션을 갖도록 하라. 사보를 보낸다든가, 파티에 초대한다든가 하라. 첫 구입과 다음 번의 구입 사이에도 절대로 잊고 있지 않다는 것을 고객에게 보여주어야 한다.

✔ 고객에게 몇번이나 감사를 나타내면 좋을까? 기회 있을 때마다 몇번이라도 감사를 나타내야 한다.

✔ 자신에 대해서 교묘하게 어필하도록 하라. 고객에게 뭔가 통지할 때는 언제든 뭔가 메시지를 집어넣도록 하라. 신상품의 소개나 새로운 서비스의 소개, 영업시간의 연장, 특별세일의 일정 등 무엇이든 좋다.

CHAPTER 16

최고의 종업원을 모집하라

우수한 고객 서비스의 제공은 우수한 인재를 필요로 한다. 나는 평균적인 사원이 평균 이상의 비즈니스를 할 수 있다고는 절대로 생각하지 않는다. 기업이 베스트이기 위해서는 10점 평점에 10점 만점의 인간을 고용하지 않으면 안 된다.

10점 만점의 인간이 구직해오는 것을 기다리는 방법도 있지만, 그것은 효율이 그다지 좋지 않다. 능력별 인구분포는 보통 인간형이며 우수한 인간은 그다지 많지 않으니까, 필요한 한 사람의 인재를 얻기 위해서는 평범한 아홉 사람을 면접하는 시간을 낭비하지 않으면 안 된다.

우리 회사에서는 응모자를 시간을 들여서 면접하고, 그후 면접에서 인상에 남은 응모자 전원을 테스트함으로써, 인재채용을 능률적으로 하려고 시도하고 있다.

인재채용에 대해서는 이러한 열의를 기울일 필요가 있다. 우리 회사의 고객 서비스 시스템 전체의 기본은, 어떤 사원이 담당하더라도 찾아온 고객은 모두 좋은 경험을 할 수 있도록 한다는 것이다. 그렇기 때문에 고객에게 좋은 경험을 하게 하기 위해서는 좋은 인재를 고용하지 않으면 안 되는 것이다. 그런 인재를 구하기 위해서는 면접에 많은 시간을 들여야 한다.

간단하게 들릴지도 모르지만, 문제는 우리들이 바쁘다는 것이다. 만일 네 명이 응모해 왔다면, 이 가운데서 누구든 좋으니까 한 사람을 고용해 버릴까, 틀림없이 네 사람 모두 같은 정도로 잘 해줄 것이라고 나자신을 납득시키고 싶을 때가 흔히 있다.

과거에 좋은 성적을 올린 사람이라면 장래에도 좋은 성적을 올릴 가능성이 높다. 따라서, 면접에서는 성공을 거두고 리더십을 갖춘 사람을 찾는 것이 좋다.

그러나 그래서는 좋지 않다는 것을 잘 안다. 아마 네 사람 가운데 그일에 완벽하게 들어맞는 인재가 있을지도 모르지만, 그럴 가능성은 적다. 우수한 인재를 찾으려면 25명 정도는 면접을 하지 않으면 안 될 것이고, 진짜로 뛰어난 능력을 가진 인재를 찾아내려면 어쩌면 100명을 면접하지 않으면 안 될지도 모른다. 그러나 누구에게 그런 시간이 있겠는가? 어쨌든간에, 어떤 시점인가에서 면접을 끝내지 않을 수 없는 것이다.

그렇다고 하더라도, 나는 최소한 25명을 면접하지 않으면 충분한 노력을 해서 사람을 찾았다고는 말할 수 없다고 생각한다.

우리 회사에서는 오랫동안 뛰어난 인재를 식별하는 유효한 방법을 찾아왔다.

우선 결코 모집광고를 내지 않는다. 진짜로 필요한 인재, 최고의 인재는 이미 직장에 종사하고 있다. 그러한 사람들은 구인광고를 살펴보거나 이력서를 준비하거나 하지 않는다. 우리 회사에서 고용한 뛰어난 인재들 중 거의 대부분은 이력서 같은 것은 써본 적도 없는 사람들이다. 그들의 업무태도에 대해서 듣고 있었다든가, 또 흔히 있는 경우처럼 친구의 소개로 필요한 인재를 이쪽에서 '찾아낸 것'이다. 보통 발군의 업적을 올리는 사람의 친구는 마찬가지로 뛰어난 인간인 경우가 많다. 그래서 종업원이 친구를 추천해준 경우에는 특별한 주의를 기울인다.

내가 이력서에 그다지 관심이 없는 이유는 따로 있다. 나는 구직자가 이력서에 편지를 동봉해오는 것 자체가 적극성이나 자신감의 결여를 나타낸다고 생각한다. 회사에 와서 직접 면접약속을 할 정도의 자신이 없으니까, 그 사실만으로 그 사람 자신이 스스로를 대단하지 않게 생각한다는 것을 나타내는 것이라고 나는 해석한다.

면접에서는 다음의 다섯 가지 특별한 포인트를 본다.

1. 실적 : 일을 성취할 수 있는 우수한 능력이 증명된 사람을 고용하고 싶다. 과거의 성공은 반드시 우리 회사의 업무분야일 필요는 없다. 그러나 우리들이 알고 싶은 것은, 다른 분야의 업무에서도 성공을 거두어왔는가? 취미분야에서는? 생활에서는? 리더십을 취해 왔는가? 등이다.
2. 지성 : 우리 회사의 테스트는 응모자의 지성이 적격인가를 알아보기 위해서 행한다. 다른 점이 같다면 머리가 좋은 사람 쪽이 보다 좋은 성적을 올릴 것이고, 또 그런 사람은 함께 있어서 즐겁다. 이것은 우리 회사에서는 특히 중요하다. 왜냐하면, 우리 회사의 종업원들은 대단히 머리가 좋은 사람들뿐이기 때문에, 그들과 같은 정도로 예리

한 사람이 아니고서는 함께 일을 하는 게 어렵기 때문이다.

3. 활동력 : 면접을 하는 동안 불안해하며 침착성이 없는 사람을 나는 좋아한다. 이것은 긴장했기 때문이 아니고, 오히려 의자에 꾹 참고 앉아 있는 것보다는 뭔가를 하는 쪽을 좋아하는 성격을 나타내는 경우가 많기 때문이다.

취미에 관해 질문하면, 그 사람의 에너지 레벨에 대해서 여러 가지 것을 알 수 있다. 하이킹, 런닝, 스키, 라켓볼 등 동적인 취미가 있는가? 아니면 체스, 브리지, 독서 등 정적인 취미는?(이상적으로는 양쪽을 다 가지고 있는 편이 좋다.)

우리 회사에는 이전에 운동선수였던 종업원이 많다. 옛날에 기수였다면 12시간 계속 서있는 일도 적지 않은 이 직장에서도 견더낼 것이며, 고객의 비난을 받았을 때나 장사가 잘 되지 않았을 때도 그 곤란을 극복할 만한 회복력을 가지고 있을 것이기 때문이다.

4. 성격 : 우리 회사는 항상 신용 체크, 그리고 약물 테스트를 포함한 건강진단을 행한다(3분의 1이 여기서 실격된다). 직장을 마약이 없는 환경으로 만들고 싶기 때문이다.

그리고 또 한 가지 조사하지 않으면 안 될 것이 있다. 면접을 하면서, 응모자가 진심으로 타인을 도와주려고 생각하는가를 판단한다. 또 자기 자신과 자기가 해온 것에 대해서 긍지를 느끼는가를 본다. 예를 들면, 무엇인가 상을 받은 적이 있는가를 물어서 대답하는 것을 보고, 그가 훌륭한 업적을 올렸는가 뿐만 아니라 경쟁을 이겨낸 것에 대해서 긍지를 느끼고 있는가를 알아볼 수가 있다.

또한 일을 끝까지 해내는 것에 대해서 어떻게 생각하는가를 본다. 가령 경리전문인데 왜 공인회계사 시험을 치지 않았는가, 대학이나 대학원에 입학했는데 왜 졸업하지 않았는가를 묻는다.

5. 적응력 : 이것은 막연하기 때문에 알기가 어렵지만, 중요한 포인트이다.

우리 회사의 세일즈맨을 살펴보기로 하자. 공격적일 뿐만 아니라 뻔뻔스럽다. 그러나 세일즈의 실패를 자기 개인의 실수로 파악하는 사람들이다. 거의가 스포츠맨이고, 완곡한 말로 표현하면 '락커 품의 유머'(외설류)를 무척이나 좋아하는 사나이들이다. 신경질적인 사람은 도저히 상종해나갈 수 없다고 생각할 것이다. 최초의 세일즈 매니저인 켄 배철러(Ken Batchelor)의 말대로, "가정 내의 비밀같은 것은 숨겨두기보다 몽땅 털어놓는 쪽이 낫다."고 하는 분위기이다.

이에 해당되는 좋은 예가 있다. 우리 회사의 가장 뛰어난 세일즈맨인 토미 암스트롱은 어릴 때 사고로 눈을 다쳐서 의안을 끼고 있는데, 그는 모두로부터 명사수라는 별명을 얻고 있다.

매일 10시간 내지 12시간을 함께 지내니까 동료와 죽이 맞지 않으면 직장생활을 해나갈 수가 없다.

좋은 후보자라고 판단되면 테스트에 참가시킨다.

우리 회사는 15년간 테스트를 실시해 왔다. 그 계기는 평판이 좋은 같은 고장의 심리 테스트 회사가 어프로치를 해왔기 때문이다. 이 회사는 응모자 전원에게 테스트를 실시하면 채용 프로세스가 보다 효율적이 될 것이라고 권했다.

나는 숭고차 분야에서 성장한 인간이기 때문에 남들보나 사물을 회의적으로 본다. 그래서 우선 테스트하는 사람을 테스트하기로 했다.

나는 그때 우리 회사에 근무하고 있던 세일즈맨 전원을 테스트하여 순위를 매기도록 의뢰했다. 놀랍게도 심리 테스트 회사는 최고의 성적을 올린 사람, 평균적인 사람, 약간 역부족인 사람을 식별해내 주었던 것이다.

나는 감탄하고, 계속 우리들이 실시하는 테스트를 감수해주는 론 트레고 박사(Dr. Ron Trego)가 다음과 같이 제안했을 때는, 점점 더 테스트의 중요성을 인정하기에 이르렀다. 그것은 네 명의 톱 세일즈맨의 테스트 결과를 지표로 해서 장래의 채용에 이용하는 것이 어떠냐는 것이었다. 그것은 흥미를 돋우는 착상이었다. 최고의 성적을 올리고 있는 종업원을 테스트하고, 테스트 결과가 비슷한 사람을 채용한다는 것이다. 결국 이 전략은 과거 15년 동안 통용해 왔다(한 종업원의 테스트 결과를 다음에 소개하기로 하겠다).

이것은 로렌스 테일러(Lawrence Taylor)가 내셔널 풋볼 리그 (NFL)에 들어가, 지위를 확립했을 때의 사건과 비슷하다. 모두들 그는 장래에 NFL의 라인백커의 규범이 될 인물이라고 말했다. 그때 무슨 일이 일어났느냐 하면, 각 팀이 테일러와 꼭같은 라인백커, 즉 빼어나게 덩치가 크고, 강하고, 발빠른 선수를 드래프트하기 시작했던 것이다. 우리 회사의 규범은 최고의 종업원을 모델로 해서 만들어졌다. 그들이 바로 우리 회사의 로렌스 테일러인 것이다.

테스트는 언제나 성공하는가? 그렇다고만은 할 수 없다. 읽고 쓰기의 능력이 떨어지는 사람들이나 영어가 모국어가 아닌 사람들을 테스트하는 데 문제는 없는가? 때때로 문제가 된다. 테스트 회사에서는 이 시험방법에 문화적 편견이 없다고 말하지만, 나는 흑인이나 스페인계 사람들로서 테스트 결과가 그다지 좋지 않은 경우는 테스트에 대해 대

범하게 보고, 그 사람의 경력에 보다 중점을 두는 선고를 하도록 한다.

그러나 테스트를 전체적으로 납득할 수 있게 되었다. 기술자를 채용하는 경우에는 나처럼 기계 기술이 기껏해야 보통인 사람보다 기계에 대해서 뛰어난 재능이 있는 인재를 채용하고 싶다. 그리고 자동차 수리가 세 끼의 식사보다도 좋고, 자동차 잡지를 구독하고, 부친이나 형이 항상 차를 주무르던 환경에서 자라온 사람이라면 더더욱 좋을 것이다.

또 채용 후에도 테스트하는 것이 중요하다. 그러나 일단 취직을 하면, 최종적인 테스트는 임상심리학자에 의해서가 아니라 고객에 의해서 실시되어야 한다. 이제 업무능력을 이론적으로 측정할 필요는 없는 것이다. 실제로 일을 하고 있으니까 고객과 회사가 그 업무능력을 테스트해 준다.

우리들의 고객 만족도 지수(CSI)란 업무현장에서 하는 테스트의 결과인 것이다.

제너럴 모터스(General Motors=GM) 사가 기업 최초로 CSI를 만들었을 때 몇몇 딜러는, 특히 CSI 점수가 낮았던 사람들이지만, GM 사의 방법론이 완전히 잘못되었다고 생각했다.

우리들은 GM 사와 불만을 외치는 딜러들 중 어느 쪽을 믿어야 좋을지 알 수가 없었기 때문에 어느 쪽이 옳은가를 알기 위해 어떤 회사에 의뢰해서 고객이 우리 회사의 종업원에 대해서, 또 그 서비스에 대해서 어떻게 느끼고 있는가를 알기 위한 광범위한 조사를 실시했다.

만일 우리 회사의 종업원 중에서 최고의 서비스 어드바이서가 누구냐고 물으면, 나는 오랫동안 함께 일해온 리치 파커(Rich Parker)와 또 한 사람의 이름을 들곤 한다. 그렇다면 누가 최저냐고 묻는다면,

"글쎄요. 클라렌스 딕그스에 대해서는 잘 모르고. 댄 웨이스에 대해서? 북부 출신이니까 말이 이상해서요(남부 사투리가 없다). 지금도 그런지는 잘 모르겠군요."라고 밖에는 대답할 수가 없다.

그러나 조사결과가 나왔을 때, '톱 쓰리'는 클라렌스 딕그스, 댄 웨이스, 리치 파커였던 것이다. 내가 또 한 사람의 이름을 든 서비스 어드바이서는 그다지 좋은 점수를 따지 못했다. 그와는 오랫동안 함께 일해 왔으며, 모두들 그를 좋아하고, 다른 어떤 서비스 어드바이서보다도 기술에 대한 지식이 뛰어났다. 그러나 그의 고객은 그가 해야 할 배려를 고객에 대해서 하지 않았다고 평가한 것이다(우리들은 조사결과를 함께 검토했는데, 현재 그는 대단히 우수한 일을 해주고 있다).

딕그스와 웨이스에게 유일하게 불리했던 점은 내가 두 사람을 잘 몰랐다는 것이었다. 그들을 몰랐기 때문에 그 능력을 인정하지 않았던 것이다.

이러한 것은 매우 인간적인 일이라고 생각한다. 로마에서 누님이 자동차 사고를 당해 시중을 들었던 적이 있는데, 영어로 말하는 의사 쪽이 못하는 의사보다 더 머리가 좋은 것 같은 느낌이 들었다. 이것은 얼마나 비논리적인가? 그러나 이것은 당연한 반응이고, 영어를 할 줄 아는 의사와는 서로를 이해할 수 있기 때문에 그들 쪽이 우수하다고 생각한 것이다.

클라렌스 딕그스와 댄 웨이스의 경우도, 내가 그들을 다른 사람들만큼 몰랐던 탓으로 그 정도만큼 이해할 수 없었을 것이라고 생각한다. 그러나 지금은 조사결과로 이 두 사람이 고객으로부터 어떻게 평가받는가를 알았으며, 나는 두 사람을 정확히 이해하고 있다. 우리 회사에서는 앞으로도 이 테스트를 계속해나갈 작정이다.

테스트는 완벽한 선고의 도구는 아니지만, 우리 회사의 채용 프로세스를 적지 않게 개선해준 것은 사실이다. 테스트를 도입하기 전에는 좋은 결과가 나오는 비율이 4명 중 1명이었던 것이, 도입한 후에는 2명에 1명이 되었다. 이것이 테스트가 유효하다는 것을 증명해준다.

그러나 테스트는 응모자 평가의 3분의 1밖에 차지하지 않고, 면접이 더욱 큰 결정적인 요소이다. 그래서 우리들은 응모자를 한 사람이 면접하는 것이 아니라, 매니저의 면접 다음에는 다른 두세 명의 종업원과 대화를 하도록 해서 응모자가 어떠한 인간인가를 판단한다.

최종면접에서는 몇 사람의 종업원이 응모자를 아침식사나 점심식사에 데리고 나간다. 이것은 사교적인 면에서 그 사람의 됨됨이를 평가하는 기회가 된다.

응모자를 식사에 데리고 나가는 기본적인 목적은 우리들이 함께 있어서 즐거운 인간인가 아닌가를 판단하는 데 있다. 우리들이 함께 지내고 싶지 않은 인간이라면, 고객들도 어쩌면 마찬가지일 테니까 말이다.

체크리스트

✔ 머리가 좋다는 것은 중요한 사항이다. 지성을 테스트하라. 다른 모든 점에서 똑같다면, 머리가 좋은 쪽을 채용하는 것이 좋다.

✔ 척도를 만들기 위해 종업원을 테스트하라. 최고의 업적을 올리고 있는 사람들을 테스트하고, 그들과 닮은 사람을 좀더 많이 채용해야 한다.

✔ 개개의 포스트마다 될 수 있는한 많은 응모자를 면접하라. 최적의 인재라고 확신할 수 있는 사람을 만날 때까지 아마 25명은 면접할 필요가 있을 것이다.

✔ 응모자의 과거실적을 물어보라. 과거에 좋은 업적을 올린 사람은 아마 장래에도 좋은 업적을 올릴 것이다. 서로 성격이 맞지 않으면 안 된다. 세계 제일의 인재라도 사풍이나 직장의 분위기에 맞지 않으면 곤란하다. 종업원들 사이에서 저속한 대화가 통상적으로 오간다면, 신경질적인 사람을 채용하는 것은 신중을 기해야 한다.

CHAPTER 17

회사 내의 슈퍼 스타

채용한 후, 신규 채용자는 오리엔테이션 미팅에 참가한다. 이 미팅에서는 우리 회사의 역사와 어떤 식으로 고객에게 대응해주었으면 좋겠다는 것 등에 대해서 얘기한다. 그리고 각자에게 '트레이닝 파트너'라고 불리는 종업원을 붙인다. 트레이닝 파트너는 같은 직종의 종업원으로, 신규 채용자에게 화장실은 어디에 있는가에서부터 회사의 정책 등 여러 가지를 모두 가르친다. 익숙지 못한 새로운 환경에 있을 때 친구가 있다는 것은 좋은 일이다. 회사의 전설, 문화, 관습 등을 들을 수가 있다.

또 신규 채용자에게는 우리 회사의 '영웅'이라고 할 수 있는 사람들에 대해서 얘기를 해주도록 한다. 세일즈에서는 현재 소웰 빌리지 캐딜락의 총지배인인 제리 그리핀(Jerry Griffin)이 영웅이다. 그는 세일즈맨 시절에 전국의 어느 캐딜락 세일즈맨보다 많은 자동차를 판매했다. 최고를 기록한 해의 판매대수는 712대였다. 따라서 연간 5백 대의 판매대수는 그에게 그리 많은 것이 아니었다.

제리 그리핀은 옛날에 서던 메소디스트 대학(SMU)의 미식축구 선수로서, 남서부 리그의 대표선수였다. 미식축구에서 단련한 투지와 공격성을 자동차 판매에 도입했다. 그는 아침 7시 30분에 출근하고, 보통 최후의 고객이 돌아가는 밤 9시까지 퇴근하지 않았다. 점심식사도 항상 사내의 자기 책상에서 했다. 그리고 5년간 휴가를 얻지 않았다.

제리 그리핀은 처음에는 미식축구의 시즌 오프 동안만 우리 회사에서 일했다. 당시 그는 프로 선수로 활약하고 있었기 때문이다. 그는 자동차 세일을 대학을 졸업한 사람의 온전한 직업이라고 생각하지 않았기 때문에 2년간 그것을 어머니에게 얘기하지 않았을 정도다. 자신의 직업을 어머니에게 털어놓기로 했을 때, 제리 그리핀은 충격을 완화시키기 위해 최신형 캐딜락을 선물했다. 그 이래 모자가 모두 함께 자동차 사업은 훌륭하다고 생각하게 되었다.

제리 그리핀의 세일즈 성공비결은 고객을 위해서는 무엇이든지 해준다는 것이었다. 어느 날, 닥터 페퍼(Dr. Pepper) 사가 우리 지역 전 캐딜락 딜러에게 회장 차의 입찰을 의뢰해 왔다. 보내온 입찰용지에 기입하는 대신, 제리 그리핀은 4대의 캐딜락을 닥터 페퍼 사의 주차장에 한 줄로 늘어세우고, 회장인 W. W. 클레멘츠에게 "마음에 드시는 차를 선택해 주십시오."라고 말했다. 클레멘츠 회장은 그리핀의 세일즈맨십과 그 서비스를 칭찬하고, 그 자리에서 차를 사들였다. 이미 은퇴했지만, 클레멘츠 회장은 그때부터 줄곧 우리 회사의 단골 고객이다.

또 한 사람의 '영웅'은 리치 파커이다. 부품과 서비스의 최고 매상(2백만 달러)을 기록한 인간이다. 그러나 그 엄청난 매상보다 훨씬 중요한 것은, 고객들이 그에게 보낸 감사장이 서비스 어드바이저 7명 전부의 몫을 합친 것보다 더 많았다는 사실이다. 나는 리치 파커만큼 진심으로 고객의 입장이 되어서 생각하는 사람을 보지 못했다. '시간외'라든가, 일요일에 서비스 카운터에서 고객과 만나는 것은 그에게 당연한 일이고, 필요한 경우에는 고객의 집까지 찾아가곤 했다. 리치 파커는 현재 소웰 빌리지 캐딜락의 서비스 매니저이다.

위 두 사람은 어느 쪽이나 다 교과서대로 일을 한 것이 아니라, 오히려 규칙위반도 했다(서비스 부문의 세 사람을 무단으로 차출해서 닥터 페퍼 사에 차를 운반했을 때는 서비스 매니저한테 꾸중을 듣기도 했다). 그러나 결과적으로 말하면, 매상을 올리고 고객을 기쁘게 만들었다. 이것이 중요한 것이다. 그렇기 때문에 우리 회사에서는 그리핀과 파커(그리고 지면 관계로 싣지 못한 다른 사람들 모두)를 비록 반드시 회사규칙을 따른 것은 아니라 할지라도 '영웅'으로 간주하고 있다.

우리 회사에서는 독불장군이라고 불리는 사람들, 영혼 속에 조그만 반역심을 가지고 있는 사람들을 환영한다. 이런 유의 사람들은 뛰어난 일을 한다. 최고라고 일컬어지는 매니저, 세일즈맨, 기술자로서 언제나 틀에 박힌 일을 하는 사람은 적지만, 이러한 사람들은 자질구레한 규칙까지 엄수하는 완전주의자보다 결과적으로 좋은 일을 한다. 왜냐하면 그들은 창조적인 신념을 가지고 있기 때문이다. 그래서 신규 채용자들에게 이러한 '영웅'의 이야기를 들려주는 것이다.

영웅에 대해서, 또 신규 채용자가 무엇을 해야 하느냐에 대해서 얘기하는 것은 중요하지만, 또한 무엇을 해서는 안 되는가를 얘기해주는 것도 마찬가지로 중요하다. 시간이 되면 퇴근해 버리거나, 휴가를 전부 찾아먹거나, 조크를 이해하지 못하는 사람은 우리 회사에서 배겨날 수가 없다.

성실함도 중요하지만 업적이 좋은 사람만이 살아남는다. 만일 고객에 대한 대응을 잘못하면 직장을 잃게 될 것이다.

우리 회사에서는 신규 채용자에 대해서 입사 60일 후에 채용 재검토를 행한다는 것을 예고한다. 검토기준은 다음 3가지이다.

　＊ 이 회사에 어울리는 인물인가, 아닌가? 그것에 대해서 회사 동료와 고객 쌍방은 어떻게 생각하고 있는가?
　＊ 업무를 처리할 수 있는가, 없는가? 만일 충분한 일을 정확히 행할 수 없다면, 동료나 고객이 좋아한다고 해도 문제 밖이다.
　＊ 눈에 보이는 진보를 보였는가, 아닌가? 주어진 업무를 행하는 데 있어서 진보뿐만 아니라, 더욱 책임있는 일을 행할 수 있는 가능성이 있는가?

이들 3가지 항목에 관한 대답이 "노우"이고, 더구나 참작해야 할 사정이 인정되지 않는다면, 회사로서는 이 종업원에게 다른 일을 시킬 것을 생각한다. 경영서에서는 시간만 들이면 어떤 사람이라도 일을 잘 하도록 만드는 방법을 가르칠 수 있다고 하지만, 우리 회사와 같은 작은 회사에서는 많은 문제를 안고 있는 사람은 그 일에서 제외시키는 것이 더 간단하다. 비생산적이고, 고객을 소중히 하지 않는 종업원에게 많은 시간을 할애할 만큼의 여유가 없다. 종업원이 자기 자신을 ‘개선’하는 것을 기다리고 있을 정도로 비즈니스는 어리숙하지 않다. 종업원을 파면시키는 것은 죄악이니 어쩌니 하며 망설일 수만은 없다.

회사의 운명을 좌우하는 중요한 지위에 있는 종업원의 경우에는 더욱 그렇다. 매니지먼트 투울즈 사(Management Tools : 캘리포니아주 오렌지 카운티에 있는 업적달성도 측정 시스템의 전문회사)의 사장 스티브 멀바니(Steve Mulvany)는 이런 중추가 되는 사람을 ‘게임브레이커 포지션’(승패를 좌우하는 사람)이라고 부른다.

야구에서는 위대한 피처가 없으면 승리할 수 없다.

미식축구에서는 위대한 쿼터백이 필요하다.

농구에서는 위대한 플레이 메이커가 필요하다.

비즈니스에서도 이와 조금도 다를 것이 없다. 게임브레이커 포지션, 예를 들면 은행의 융자 담당자, 항공회사의 조종사, 이 책의 발행책임 편집자 등의 직책은 보통 사원에게 맡길 수가 없다.

우리 회사의 게임브레이커란 신차, 중고차, 서비스, 재정, 보험, 부품, 보디 숍 등의 각 부문 매니저, 그리고 재무책임자이다. 이러한 사람들은 우리 회사의 성공과 실패의 열쇠를 쥐고 있다. 왜냐하면, 그들은 나보다 훨씬 더 고객과의 관계에 영향력을 갖고 있고, 어떻게 이익을 올리는가를 결정하는 입장에 있기 때문이다.

이들 포지션의 누군가가 평균수준과 같든가, 또는 낮은 달성도를 나타냈을 때는 즉시 그 이유를 조사한다. 그 사람은 적절한 트레이닝을 받고 있는가? 그 직무에 필요한 경험을 가지고 있는가? 정말로 그 직무에 걸맞는 능력이 있는가?

이 대답이 모두 "예스"라고 하더라도 직무가 잘 수행되지 않는다면 이동이 필요할 것이다. 필요한 기능을 다하지 못한 사람을 게임브레이커의 지위에 놓아둘 수는 없다. 이와같은 중요한 지위에 올라가면 개인적으로 그 사원을 좋아해도, 장기 근속자라 하더라도, 과거에 아무리 좋은 성적을 올렸다 하더라도 평균수준이어서는 절대로 안 되는 것이다. 해고를 할 필요는 없지만 다른 포지션으로 이동시켜야 한다.

게임브레이커가 직무를 수행할 수 없을 때, 그 직무를 방해하는 상황을 어떻게 해서 좋게 만드느냐에 대해서는 영원히 논의할 수도 있으나, 나같으면 쓸데없는 논의는 그만두고 인사이동을 하도록 권하겠다.

그리고 어차피 이동시킬 바에는 빠른 것이 낫다.

체크리스트

✔ 신규 채용자에게는 회사에서 성공하는 비결을 가르쳐주도록 하라. 회사의 가치관은 어디에 있는가, 사내에서 누가 '영웅'으로 일컬어지고 있는지 얘기해준다.

✔ 해고시키는 것을 두려워해서는 안 된다. 뭔가 될 것 같은 종업원에게는 조력을 아끼지 말아야 하지만, 아무리 해도 가망이 없는 사람은 해고시켜야 한다. 그러는 쪽이 종업원에게도, 회사에게도 좋다.

✔ 독불장군을 고용하라. 최고의 사람들은 항상 고객과 회사를 위해서 좋은 일을 하려면, 규칙을 어떻게 위반하면 좋은가를 알고 있다.

FOUR

자기 진단

CHAPTER 18

측정에서 개선은 시작된다

최근에 테니스를 했을 경우를 생각해보자. 한참 동안 연습으로 공을 치고 난 다음에 틀림없이 누군가가 "한 세트 할까요?" 하고 말을 꺼냈을 것이다.

"스코어(점수)를 매기자."는 것이다. 테니스 코트이든 직장이든 간에 모두 자신이 얼마만큼 잘했는가를 알고 싶은 것이다. 그리고 그것을 아는 유일한 방법은 "스코어를 매기는 것"이다.

판매한 상품의 수량을 헤아리는 것은 스코어를 매기는 하나의 방법이다. 그것에 의해서 전체 동향을 알 수가 있기 때문이다.

이 생각은 옳지만 충분한 것은 아니다. 예를 들어, 텔레비전의 야구 중계에서는 인조잔디 구장의 야간경기 때, 왼팔 투수에 대항하는 타자의 과거 데이터가 화면에 나온다. 또 시청자는 주자가 출루하고 있을 때의 타자의 타율이나 시합의 전반과 후반에서 어느 쪽의 타율이 더 좋은가 등 화면에 비치는 데이터를 통해 알 수가 있다.

그러나 비즈니스의 세계에서 이런 정보는 손에 들어오지 않는다. 그러나 필요한 것은 확실하다. 자신들의 성적을 정확히 알고 있는 쪽이 낫다는 것이다. 그러면 무엇을 개선해야 하는가를 알 수 있기 때문이다. 즉, 개선해야 할 점을 찾아내는 유일한 방법이란 가능한 것 모두를 측정하고 평가하는 것이다. 우리 회사에서는 그 방법을 실행하고 있다.

개중에는 그런 방법은 안 된다고 말하는 사람도 있다. 스코어도 매기지 말고 오로지 "최선을 다하라."고 말하는 경영자도 있다.

이것은 어리석은 짓이다.

왜냐하면, 최선을 다했다고 해서 그것으로 충분하다고는 할 수 없기 때문이다. 그것은 스포츠의 경우와 같다. 백미터 달리기를 예로 들어보자. 죽어라고 달린 주자의 기록이 15초라고 한다면 도저히 충분하다고는 말할 수 없을 것이다. 그 주자에게 어떤 유명한 친지가 있건 아무리 두뇌가 명석하건 간에, 그렇게 해서는 이길 수가 없다.

올림픽도 비즈니스도 다 마찬가지이다. 우리들의 사회는 경쟁사회이다. 최선을 다하는 것과 승리하는 것과는 별개의 문제이다. 경쟁 상대보다도 강하여야 하고, '첫째'가 아니면 안 된다.

이것이 우리 회사에서 나를 포함한 전원의 달성도를 측정하고 있는 이유이다(나의 학업성적표는 회사의 손익계산서이다). 재적생 전원의 성적을 알고 싶고, 또 그것뿐만 아니라 우리 회사가 '첫째'가 되기 위해서는 무엇이 필요한가를 아는 것이 중요하다. 백미터 달리기의 최고 기록이 9초 9이고, 어떤 주자의 기록이 15초였다고 한다면, 그 주자의 기록은 적어도 앞으로 5.1초는 단축시키지 않으면 안 된다는 것을 알 수 있다.

경영 컨설턴트인 스티브 멀바니(Steve Mulvany)는 우리 회사의 생산성 향상을 위해 협력해 왔다.

스티브는 학생시절에 측정과 달성도와의 관련을 깨닫고 있었다. 그의 말을 빌리면 이렇다.

대학시절에 나는 매년 여름 토마토 수확기에 통조림 공장에서 일했다. 내가 맡은 일은 두 가지였다. 하나는 만일 고장이 났을 경우에 기계를 멈추는 일이었다. 이것은 간단하게 들리지만, 매분 650개의 통조림을 처리하는 기계조작은 입으로 말하는 것처럼 그리 간단하지가 않다. 만일 고장을 깨닫지 못하면 기계는 갑자기 막혀서 정지하고, 약 90도의 토마토 주스가 나의 몸으로 쏟아져 내리게 된다.

두번째 일은 통조림 기계 속에 뚜껑을 집어넣어 주는 일로, 엄청나게 따분한 일이었다. 나 자신이 일을 재미있게 하지 않으면 나는 머리가 이상해졌을 것이다.

나는 내 달성도의 스코어를 매기기 시작했다. 회사는 나의 기계에 대해서 내가 처리한 케이스의 수, 주스의 총량, 운전시간, 운전정지 시간, 메인트넌스 코스트를 기록하고 있었다.

그래서 나는 뚜껑의 수를 세어보기로 했다. 뚜껑은 눈에 보이고 만질 수 있기 때문에 완성된 뚜껑의 수를 기록하기로 한 것이다. 한 케이스의 통조림을 만드는 데 3천6백 매의 뚜껑을 쓴다는 것을 알았기 때문에, 완성된 케이스에 3천6백을 곱해서 그날 기계를 통과한 뚜껑의 총수를 계산해냈다. 나는 매일 도시락통에 그날의 스코어를 기록해 갔다.

스코어를 매기기 시작한 지 4일째 되던 날 나는 최고 기록을 내기로 마음먹고, 그러기 위해서는 매 시간 몇 개의 뚜껑을 넣어야 하는가를 계산하고 이를 실행했다. 회사는 내가 뚜껑을 세어보는 것을 모르고 있었지만, 나의 기계는 어떤 기계보다도 높은 생산성을 달성했다.

세일즈 전화를 거는 것이든, 편지를 타이핑하는 것이든, 자동차의
수리든, 석탄의 채굴이든, 혹은 토마토 주스의 통조림 작업이든 무
엇이든 다 헤아리고 스코어를 매기는 것이 가능하다. 경영의 도전은
각 개인, 또는 각 팀에 적합하며 흥미를 가질 수 있는 측정과 피드백
시스템을 만들어내는 것이다.

우리들은 스티브 멀바니의 아이디어가 마음에 들었기 때문에 우리
회사 대상의 측정시스템 개발에 협력을 의뢰했다.

스티브 멀바니는 우선 측정할 항목의 선택부터 시작했다.

I. 수량
    A. 매상금액
    B. 처리건수
    C. 출하건수
    D. 전화처리 건수

II. 품질
    A. 올바르게 처리된 건수
    B. 고정객의 비율
    C. 감사장과 불만 편지의 비율
    D. 고객 만족도 지수
    E. 종업원의 이직률

III. 코스트
    A. 1건당의 매상원가

B. 인건비

C. 예산 대 실적

D. 외상매출금

E. 1평방미터 당의 코스트

Ⅳ. 처리시간

A. 평균 처리시간

B. 기일대로 인도해온 주문비율

C. 48시간 이내의 처리완료 비율

측정하기를 원하는 이들 항목을 확정한 다음, 스티브 멀바니는 달성
도의 측정을 실시하기 전에 생각하지 않으면 안 되는 다음과 같은 4가
지 질문을 냈다.

* 측정은 중요한가?

그 지표는 종업원의 달성도와 관계가 있는가? 데이터는 최소한
2주일마다 낼 수가 있는가? (데이터를 갱신하는 간격이 지나치게
길면 달성 상황의 피드백 효과가 없어진다.) 데이터의 계속적인 측
정을 해주기를 원하는 사람이 있는가? 이 측정결과가 향상된다면
회사 전체 또는 특정한 부문에 현저한 영향을 줄 수 있는가?

* 측정을 계속해서 행한다는 것은 가능한가?

매일 15분 이상의 시간을 각자가 데이터의 작성으로 소비하지
않으면 안 된다면, 계속 측정하기는 어렵다. 계속적인 시스템을 개

발하는 데 가장 간단한 방법은 현재 이미 수집중인 데이터를 이용하는 것이다. 컴퓨터에 필요한 데이터의 자동수집 시스템을 짜넣으면 어떤가?

* 종업원은 이 측정지표를 이해할 수 있는가?

경영자가 사용하는 측정지표(투자 효율, 재고 회전율, 미수금 회수 일수 등)는 보통 현장의 스탭은 이해하기가 어렵다. 가장 효과적인 지표는 간단하게 표현된 것이다. 건수 · 개수에 의한 표현이 첫째이고 금액에 의한 표현이 두번째이며, 퍼센티지에 의한 표현이 세번째로 좋다고 할 수 있다. 아이러니컬하게도 경영자가 중시하는 것은 순서가 거꾸로여서 퍼센티지, 금액, 마지막으로 건수, 개수가 된다.

* 측정의 표현은 적극적인가?

결근을 측정할 수 있다면 출근도 측정할 수 있을 것이다. 실패 대신에 성공을 기록하라. 인도 일자의 지연이 아니라, 기일대로의 출하를 측정하라.

인간은 실수를 없애는 것보다 목표를 달성하는 쪽을 좋아하는 법이다.

그리고 보다 더 중요한 것은, 바람직하지 못한 것만을 보고하면, 종업원은 무엇을 달성하도록 요구받고 있는지 모르게 되어 버린다는 사실이다.

우리들은 이것에 대해서 스티브 멀바니의 설명을 전부 들은 다음,

어디에 측정의 목표를 설정해야 하는가를 신중하게 검토했다.

우선 결정해야 할 것은 적절한 측정항목이다. 세일즈맨에게는 월간 판매대수, 외상 매출금 담당자에게는 외상 매출금의 평균 회수일수로 했다.

측정항목을 결정한 뒤, 다음으로 업계 평균은 어느 정도인가를 알 필요가 있었다. 각 업계에는 협회가 있고, 그곳에서 측정을 행하고 있다.

업계 평균은 받아들일 수 있는 최저 스코어이며, 우리들의 목표는 항상 톱의 5퍼센트 이내에 들어가는 것이다. 어떻게 해서 이것을 달성해야 하는가는 우리 회사의 세일즈맨에게 시도한 방식이 좋은 예가 되고 있다.

우리 회사에서 각 세일즈맨의 판매대수를 측정하기 시작한 1957년에는 월간 6대로 전 미국 평균과 같았다. 그래서 목표를 8대로 다시 설정했다. 8대가 달성되자, 10대로 끌어올렸다. 이와같이 그 이래 착실하게 목표를 끌어올려서, 현재 우리 회사의 세일즈맨은 모두 월간 20대 이상 팔지 않으면 좋은 성적을 올렸다고 할 수 없다고 생각한다. 회사측의 기대치는 15대이다.

지난 33년 동안 전 미국 평균도 상승했다. 그러나 겨우 8대가 된 것에 불과하다.

왜 기대치를 계속 올려나가는가? 자기만족에 빠지지 않기 위해서이다. 일단 목표를 달성하고 나면 금세 게으른 마음이 생기는 법인데, 그런 일이 일어나지 않기 위해서는 항상 정복하지 않으면 안 되는 높은 산을 필요로 하는 것이다. 사원의 사기를 유지하기 위해서라도, 경생의 선두주자를 유지하기 위해서라도 계속적으로 수준을 끌어올려 나가지 않으면 안 된다. 일단 만족해 버리고 나면, 누군가가 곧장 추월할 것은 확실하다. 달성의 수준을 끌어올리는 것은 결코 중단해서는 안 된다.

목표에 대한 재미있는 이야기가 있다. 그 목표를 도입한 시초에는 많은 종업원들이 그것은 불가능하다, 아무도 달성할 수 없는 목표라고 말했다. 그러나 이것은 1마일을 4분에 달리는 것에 비유할 수 있다. 상당히 오랜 동안 아무도 그렇게 빨리 달릴 수는 없다고 말해 왔다. 그러나 일단 로저 배니스터(Roger Bannister)가 달성하자, 시간은 차례차례로 단축되며 기록이 갱신되어서, 현재의 기록은 3분 46초(스티브 크램)까지 단축되었다.

똑같은 일이 높이뛰기에서도 일어났다. 8피트를 뛰는 사람은 없다고 생각되어 왔으나, 쿠바의 자비에 소토마요르(Javier Sotomayor)가 1989년에 달성하고 나서, 갑자기 7피트 11인치를 뛸 수 있는 선수가 속출했다. 그들도 8피트를 뛸 날이 그다지 멀지 않겠지만, 누군가가 먼저 8피트의 벽을 넘는 사람이 있지 않으면 안 되었던 것이다.

자동차의 판매에서도 마찬가지다. 1989년, 처음으로 현대 자동차의 월간 판매대수의 목표를 20대로 정했을 때, 모두들 무리라고 말했다. 그것은 실제로 어려운 일이었다. 그도 그럴 것이 한 대를 팔기 위해서는 두세 대의 상담을 성사시키지 않으면 안 되기 때문이다. 왜냐 하면, 현대 자동차를 사는 사람들은 보통 최초로 자동차를 사는 사람들이어서, 크레디트의 실적이 빈약하여 할부설정의 조건을 충족시키기가 어렵기 때문이다. 그래서 월간 20대는 거의 대부분의 세일즈맨들에게 절대로 달성할 수 없다고 여겨지던 도전이었다.

그러나 내가 알고 있는한 가장 경쟁에 강한 프로의식을 가진 사람들

가운데 하나인 멜 워렌(Mel Warren)이라는 사나이가 나타나서 월간 20대를 달성했다. 실제로 그는 26대를 팔았던 것이다. 현재는 많은 세일즈맨이 이렇게 말한다. "그가 팔 수 있다면 나도 20대를 팔 수 있다 (최근에 세 명이 달성했다). 그러나 내가 정말로 하고 싶은 것은 워렌의 기록을 깨뜨리는 일이다."

인간은 본능적으로 경쟁심을 갖고 있다. 어떤 목표가 설정되어 있건 그것을 깨뜨리려고 한다. 그것에 의해서 보다 많은 이익을 얻을 수 있는지 따위는 문제삼지 않는다. 이것은 진실이며, 목표설정의 비결이란 비즈니스의 가장 중요한 분야에서 설정하는 일이다.

이것은 목표를 설정하는 데 있어서 흥미깊은 일이다. 사람들은 설정된 목표를 향해서 나아가는 것이며, 목표달성에 의해서 특별한 보수가 지불되지 않는 경우라도 그렇게 하는 것이다(제20장에서는 지불방법에 대해서 설명한다). 인간은 본래 경쟁심을 갖고 있다. 그래서 어떤 목표가 설정되든 그것을 깨뜨리려고 한다.

수리가 끝난 자동차를 고객에게 전달하는 담당 종업원이 자신들에게 관련이 있는 고객 조사 결과를 보여달라고 말한 적이 있었다. 조사한 집계 결과 가운데서 주목을 끈 항목 중 하나는 "요금을 지불한 뒤 자동차가 도착할 때까지 어느 정도 기다리셨습니까?" 하는 항목이었다.

측정결과는 약 6분이 걸린다는 것이었으나, 종업원은 그 결과를 모르고 있었다. 일단 결과를 알려주자 모두 똑같은 질문을 했다.

"제일 빠른 것은 누구입니까?"

그 이래 우리 회사에서는 시간을 게시하고 있다. 종업원은 모두 뛰어다니게 되어 평균시간을 약 3분으로 단축했고, 3분 이하로 하면 그것을 자랑으로 삼게 되었다.

그러니까 이것은 종업원 자신이 스스로 설정한 목표라는 얘기다. 만일 수리기술자가 잘못된 장소에 차를 세워놓았다면 그것을 찾으러가지 않으면 안 된다(물론 이럴 경우에는 많은 시간이 걸리게 된다). 나중에 그 기술자와 한바탕 싸움을 벌일 것이다.

이것은 경쟁을 위한 경쟁이다. 3분 이하로 차를 반송했다고 해서 보너스를 받을 수 있는 것은 아니다. 다만 자신의 반송시간이 짧은 것을 조금 자랑하거나, 자신보다 조금 느린 동료를 놀려주거나 하고 싶은 것뿐이다. 이것이 현재 우리 회사의 고객이 예전보다 빨리 차를 받을 수 있게 된 이유이다.

이것은 이치에 맞는 이야기다. 친구와 라켓볼을 했을 때의 일을 생각해보면 알 수 있다. 코트가 좁다고 뛰어 돌아다니며 벽에 공을 때려대고 멋진 타격을 해보려고 안간힘을 쓰지만, 그것으로 보수를 받는 것도 아니다. 단지 이기고 싶은 것뿐이다.

이것은 완전히 인간의 본성에 의한 것이다. 인간이란 여섯 살이든 예순 살이든 경쟁하기를 좋아하는 것이다.

우리 회사에서 60대의 세일즈맨을 고용한 적이 있었다. 그는 전에 오랫동안 근무했던 판매점에서는 월간 8~9대를 팔았다는데, 우리 회사에 들어와서 회사측의 기대치보다 훨씬 많이 팔았다.

그래서 그는 자신보다 한 달 평균 두 배나 많이 파는 동료 전원을 둘러보고 말했다. "나는 은퇴해서 지루한 매일을 보낼 생각은 없다. 나도 이곳의 건방진 녀석들과 승부할 수 있다!"

실제로 그는 그대로 했다. 현재는 이전보다 5할이 증가한 대수를 팔고 있지만, 그것은 동료에게 지고 싶지 않다는 일편단심에서 나온 것이다.

인간은 누구나 다 이런 식이다.

그래서 우리 회사에서는 무엇이든 측정하고 결과를 게시하여, 누구나 다 경쟁의 기회를 갖도록 해주고 있다. 자동차의 반송시간 게시는 서비스 에리어 옆에, 외상 매출금 담당부문에서는 다음 페이지 이하에 게재한 것과 같은 차트를, 각 판매점포의 고객 만족도 지수는 그 점포의 모든 곳에 게시해 놓았다(데이터를 모두 게시한다는 얘기는 아니다. 예를 들면, 세일즈맨의 자동차 한 대당 배당금을 측정한 데이터는 기장해 두어 세일즈맨에 한해서 열람할 수 있지만, 고객의 눈에는 띄

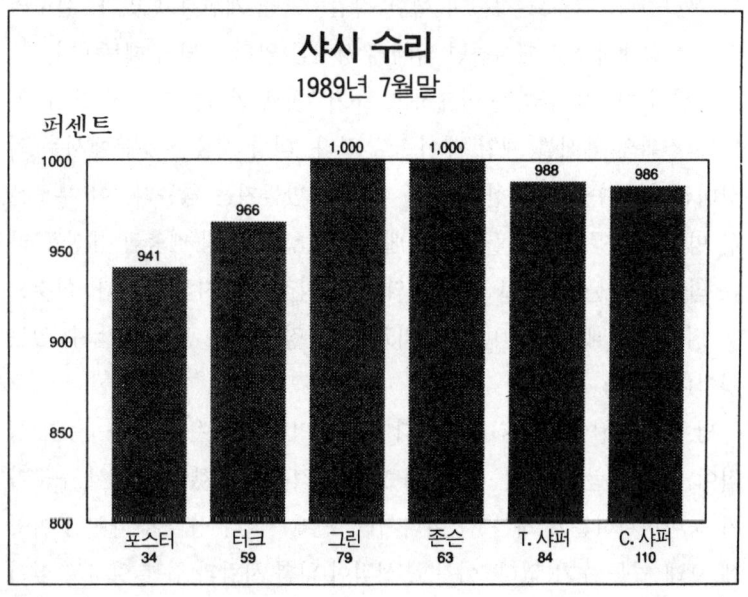

지 않게 해두었다).

게시하는 차트나 그래프는 개인 베이스이다. 각 기술자의 작업장에는 이름이 들어간 표찰이 붙어 있고 그곳에는 작은 공간이 있어서, 직경 6센티미터의 캐딜락 마크인 화관과 문장의 스티커를 붙이도록 되어 있다. 이상은 월간 성적에서 100퍼센트 정확한 일을 한 사람에게만 주어지는 것이다.

여기에 더해서, 각 기술자의 달성도 차트도 게시한다. 이것을 보면 한 눈에 다른 기술자와의 달성도 차이를 알 수가 있다. 예를 들면, 금월 자신의 품질 달성도의 96퍼센트(월간에 정확히 행한 작업수를 총 작업수로 나눈 숫자이다)는 동료와 비교해서 어떤 위치에 있는가를 알 수 있다(96퍼센트라면 평균일 것이다). 게시를 많이 하면 할수록 효과가 올라간다. 그것도 정확히 행한 작업수만을 계산하고 있다. 실수의 숫자를 공개적으로 게시하면 남에게 상처를 입히게 되기 때문이다.

전원이 게임의 규칙을 이해하고, 누가 '첫째'인가를 확실히 알 수 있도록 결과의 게시를 개인 베이스로 한다. 외상 매출금 부문에서는 외상대금의 회수에 소요한 시간을 차트로 만들지는 않는다. 이 부문은 한 명이기 때문에 인명을 따서 '베스(Beth)의 외상 매출금 계산표'라는 타이틀을 붙이고, 일 년 동안의 매월 성적을 게시하고 있다. 이것으로 담당자인 베스는 달마다의 비교 외에 장기적인 경향도 알 수 있는 것이다.

당초에 전원이 모두 이 아이디어를 환영했던 것은 아니다. 특히 성적이 나쁜 사람들에게는 평이 나빴다. 성적을 게시했다고 해서 누군가가 죽어버린다든가 하는 건 아니지만, 언제까지나 성적이 나쁘면 이곳에 오래 있을 수가 없다. 아무도 성적이 나쁜 사람과 함께 일하고 싶지 않기 때문이다.

  종업원이 차트나 그래프의 게시를 용인한 데에는 또 다른 이유가 있
다. 측정해서 게시하는 데이터는 각자의 업무에 관계가 있는 것에 한

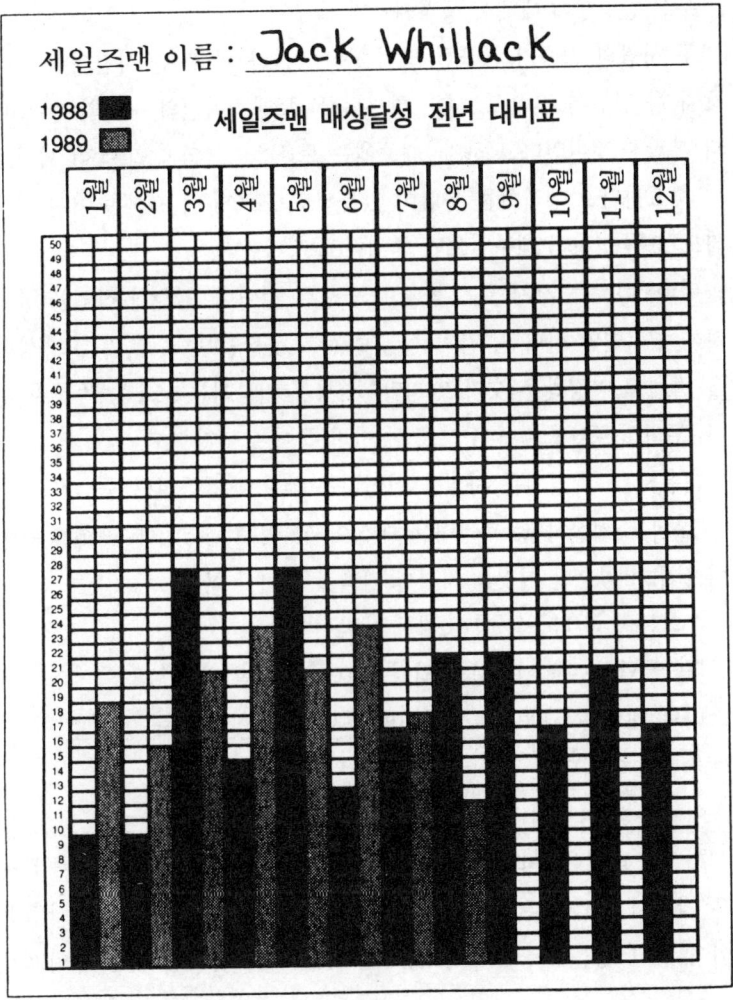

정했기 때문이다.

달성도의 측정을 중요한 것으로 생각한다면, 측정치가 공평하고 사실을 반영한 것인지 아닌지를 잘 확인하지 않으면 안 된다.

우선 공평성에 대해서 생각해보자.

두 사람의 기술자가 행한 작업을 측정한다 치고, 한 사람의 작업은 세차 등 간단한 것이고, 다른 한 사람은 트랜스미션의 수리와 같은 보다 복잡한 것이었다고 하자. 개중에는 트랜스미션의 수리 쪽이 세차보다 중요하다고 생각하는 사람이 있을지도 모르지만, 고객은 어떤 일이라도 모두 정확히 해주었으면 좋겠다고 생각한다.

따라서 이 두 가지 일은 똑같이 중요한 것이다. 담당한 작업을 정확하게 행하기만 한다면, 각기 황금 화관과 문장을 받고 그 우수한 성적을 남에게 인정받을 수가 있지만, 회사가 지불하는 보수는 똑같지 않다. 분명히 트랜스미션 수리를 한 사람 쪽이 보수가 많다.

다음으로, 측정치를 사실을 반영하는 것으로 만들려면 중요한 사항을 올바로 계산하고, 측정하는 대상이 된 업무 담당자에 대해서 측정에 실수가 있으면 이것을 지적할 기회를 주어야 한다.

우리는 흔히 다음과 같은 질문을 받는다.

"높은 달성도를 기록한 종업원은 보너스를 받는가?"

나의 대답은 "반드시 그렇지만도 않다."와 "보통은 그런 일이 없다."의 두 가지다.

이에 대해 특별히 미국적이 아니라고 할 수는 없다.

첫번째 대답은 우리 회사의 보수결정 방법에 의하는 것이다. 종업원은 각자의 작업이 완성된 것에 대해서 보수를 받는 것이니까, 작업량이 많으면 많을수록 보수는 많아진다. 그러니 불어난 몫은 보너스가 아니라 자기 자신이 벌어들인 돈이다.

두번째 대답은 우리 회사에서 일하는 인재의 타입과 관련이 있다. 재차 말하지만, 우리 회사는 유능한 인재를 고용하며, 다른 회사보다 급료를 많이 지불한다. 왜냐하면, 유능한 사람은 항상 달성도가 높기 때문이다. 따라서 우리 회사에서는 달성도가 높은 것이 당연한 일로 되어 있다.

보증업무에 종사하는 여성이 그 좋은 예이다.

자동차를 샀을 때 메이커는 일정 기간 동안 보증을 한다. 밧테리는 최저 3년간, 어떤 종류의 고장수리는 무료라는 식이다. 예를 들면, 렉서스에서는 정기정검은 두 번까지 무료로 해준다.

그러한 작업은 고객에게는 무료라 하더라도, 딜러는 작업을 완료한 뒤에 메이커로부터 그 요금을 환불받는다. 이것은 메이커측의 비즈니스 코스트 중 하나이다.

현재 우리 회사에는 이와같은 보증 작업비용의 환불 담당자가 한 명 있는데, 그는 여성이다. 이 여성이 담당자가 되었을 때, 환불에 필요한 기간은 평균 45일간이었다. 즉, 작업완료로부터 GM사가 환불비용을 수표로 보내올 때까지 45일간이 걸렸던 것이다.

이것은 너무나도 길다고 생각되었다. 그래서 우리 회사가 언제나 하는 것처럼 "평균은 며칠 간일까?" 조사해 보았더니, 전 미국 평균 15일이라는 것이 판명되었다. 담당자는 45일에서 15일로 기간을 단축한 일로 보너스를 받았을까? 대답은 "노우"이다(그 뒤, 담당자는 최종적으로 기간을 9일로 단축했는데, 이것으로 인해서 다소 급료가 올라갔다).

거듭 말하지만, 성적향상의 동기부여가 되는 것은 대부분 돈이 아니다. 9일로 단축한 것은 차트에 기입되어서 담당자의 책상 옆을 지나가는 사람들은 이것을 보고 "굉장하다!"고 말할 것이고, 상사가 점심을 사주거나 부문 전원이 이 담당자의 성적이 우수하다고 칭찬해줄 것이다.

우리 회사가 어떻게 해서 측정 시스템을 설정했는가를 설명해주면, 개중에는 "그것은 나에게는 통용되지 않을 것이다. 나에게는 그런 방식으로 동기부여가 되지 않는다. 나의 성적이 게시되었다고 해서 그것만으로 좀더 열심히 일하려는 마음이 들지는 않을 것이다."고 하는 사람도 있다.

이 사고방식은 어리석기 짝이 없는 것이다. 자신의 성적을 알고서 그것을 자랑으로 삼는 사람도 있으며, 부끄럽게 생각하는 사람도 있다. 그렇기는 하지만 자신이 어떤 성적을 올리고 있는지는 모두 알고 싶어하는 법이다.

다른 직종과 비교해서 측정이 어려운 직종도 있다. 따라서 공평한 측정이라는 것이 중요한데, 그래도 어떤 간접적인 수치로 추정할 수는 있을 것이다. 예를 들면 판매대수, 작업대상 품목 등이다. 다른 업종의 경우라면 담당시간 동안에 만든 햄버거의 숫자 등도 그 예이다.

스티브 멀바니와 데밍은 측정이란 최고의 달성도에 도달하기 위한 동기부여의 한 형식이라고 생각하고, 일반적인 기업에서는 한 팀이나 한 부문의 생산성 측정을 행하는 쪽이 좋다고 한다. 예를 들면, 맥도널드에서 야간시간에 판매한 프렌치 프라이의 매상 등이 그것이다.

나는 이것에는 찬성이지만, 또한 각 개인의 달성도에 대해서도 측정하려고 한다. 몇 번씩이나 말하는 것 같지만 이것은 야구와 마찬가지로 자기 팀의 승패를 아는 것도 좋지만 누가 4타수 무안타인가, 누가 4

162

타수 4안타였는가도 알고 싶은 것이다.

팀의 성적같은 것은 아무래도 좋고, 자신의 성적에만 구애받게 될 위험은 없는가? 분명히 그럴 위험이 있다. 그러나 그러한 우려는 스포츠에서도 있을 수 있는 일이다. 그렇기때문에 코치(회사의 경우에는 상사)가 필요한 것이다.

체크리스트

✔ 관계있는 사항을 측정하라. 종업원에게 "최선을 다하라."고 말하고, 그 '최선'으로 충분하다고 기대하는 것만으로는 안 된다. 당신도 종업원도 일이 어떻게 행해지는가를 파악하고, 그리고 나서 각 종업원과 회사 전체가 어떤 부분을 개선할 수 있는가를 찾아내야 한다.

✔ 측정결과를 게시하라. 측정은 공평하고 실제적이어야 하지만, 결과를 게시해서 그 정보를 함께 나누어야 한다. 인간은 본래 경쟁심을 가지고 있어서 좋은 성적을 올리고 싶어하고, 또 그 성적을 알고 싶어하는 법이다.

✔ 목표로 하는 달성도의 레벨을 계속적으로 끌어올리라. 일단 목표를 달성하고 나면, 더욱 목표를 끌어올려야 한다. 계속적으로 향상해 나가지 않으면 누군가에게 추월당하기 때문이다.

✔ 달성목표의 수를 제한하라. 집중해야 할 사항을 지나치게 많이 부여하면, 어느 것에도 집중할 수가 없다. 5개 항목 이상의 목표는 세우지 말라. 사실 목표는 하나면 족할지도 모르니까 말이다.

FIVE

효과적인 인사채용과 급여제도

CHAPTER 19

종업원의 높은 임금은 회사의 이익에 연결된다

우수한 인재를 모으고 싶으면, 어떤 직책이든 간에 보통보다 높은 금액의 보수를 지불하지 않으면 안 된다.

자기 회사의 종업원에게는 다른 회사에서 일하는 것보다 많은 보수를 지불하고 싶다고 생각해야 한다. 사원에게 자신의 일에 긍지를 가져주기를 바라지만 결국 그것을 도와줄 수 있는 것은 고액의 임금이다. 물론 일에 대한 의욕의 비율을 결정하는 요인 중에서 임금의 액수가 가장 중요하다는 것은 아니다. 사실 대부분의 사람들은 임금의 액수를 취직 결정요인의 다섯번째나 여섯번째로 들기도 하지만, 여전히 그것은 중요한 요인의 하나이며 가볍게 보아넘길 수 없는 것임이 확실하다.

끊임없이 종업원에게 던지는 질문 중 하나는 "당신이 좀더 많은 돈을 벌기 위해서 회사가 협력할 수 있는 일은 없습니까?" 이다.

우리 회사의 종업원들은 어느 누구도 자신이 급료만큼의 일을 하지 못한다고 생각지 않는다. 또한 자신이 일한 만큼 급료를 받지 못한다고 생각하는 사람도 없다. 종업원은 고객의 시중을 열심히 들어줌으로써 자신의 보수를 스스로 벌고 있다고 믿고 있다.

다른 회사보다 높은 임금을 지불한다는 것은 회사측으로서 낭비가 아닌가?

나는 그렇게 생각하지 않는다.

유능한 사람들은 좀처럼 실수를 하지 않는다. 즉, 그들은 업무의 효율이 높다.

좀더 중요한 것은 유능한 사람들은 보다 생산적이고 임기응변의 재능에 뛰어나다는 점이다.

우리 회사에서는 우리의 업무방식을 이해하는 똑똑한 사람들만을 고용하고 있다. 이러한 사람들은 누군가가 항상 주의를 하지 않더라도 생산성이 높은 일을 하고, 또한 우수한 고객 서비스를 제공하기 위해서 자신을 희생하는 것을 마다하지 않는다. 그렇기 때문에 경쟁회사의 사원보다 뛰어난 일을 할 뿐 아니라, 감독자의 숫자가 적어도 되는 것이다. 결과적으로 코스트를 끌어내릴 수 있게 된다.

실제로 종업원에게 고액의 보수를 지불하는 것은 경영효율을 올리는 데 도움이 된다. 기묘하게 들릴지도 모르지만 그것은 사실이다. 세일즈맨의 예를 들어보기로 하자.

한 판매점이 월간 100대의 자동차를 판다고 하자. 앞에서도 말한 것처럼 세일즈맨 한 사람의 월평균 판매대수는 8대이다. 따라서 한 점포에는 약 12명의 세일즈맨이 필요하다는 계산이 나온다.

그러나 우리 회사에서는 월간 100대의 자동차를 단 8명의 세일즈맨이 판매하고 있다. 즉, 보통 12명이 필요한 것을 8명으로 해내고, 판매점에 놓는 책상이 적어도 4개는 절약되고, 전화회선도 4대나 줄게 되고, 또 임금도 4인분이 절약된다.

이와같이 결과적으로 우리 회사에서는 많은 돈을 절약하면서도 유능한 세일즈맨을 끌어들일 수가 있다. 왜냐하면, 우리 회사에서 일하게 되면 다른 회사에서 일하는 것보다 수입이 많아지기 때문이다. 덧붙여 말한다면, 경쟁회사에서는 세일즈맨의 월평균 판매대수는 8대 (100대 ÷ 12명)인 데 비해, 우리 회사 시보레의 경우에는 12.5대(100대 ÷ 8명)이다.

한 사람당 평균 8대의 매상을 올리는 회사와 그것보다도 50퍼센트를 더 많이 파는 회사 중 어느 쪽에서 일하려고 생각할까? 우리 회사에서 일하면 다른 곳보다 수입이 좋다는 사실이 업계내에 알려져 있기 때문에, 우리 회사에는 보다 유능한 사람들이 모여들게 된다. 이러한 임금체계 덕분에 우리 회사 종업원의 질은 향상일로를 걷고 있다. 더구나 세일즈맨의 수가 적어도 되기 때문에 판매 자동차 한 대당 코스트는 싸게 먹힌다. 그래서 노사 쌍방에 손해가 없는 것이다.

기술자에 대해서도 같은 말을 할 수 있다. 평균적인 딜러에서 기술자는 8시간 근무하는 동안에 6대의 엔진 조정을 하는데, 우리 회사 기술자는 같은 시간 내에 8대를 조정한다. 그것이 과연 가능할까? 우리 회사에서는 기술자의 시간을 낭비하지 않기 때문이다. 즉, 수리를 받기 위해 들어온 자동차는 컴퓨터 시스템으로 어디에 주차했는지 추적할 수 있어서, 기술자는 다음에 수리할 차를 찾아 돌아다니면서 귀중한 시간을 낭비하는 일도 없고, 필요한 부품의 도착을 할일없이 기다릴 필요도 없다. 최소한 주 1회 정도 사용하는 부품은 작업용 벤치의 캐비넷 속에 넣어두있다. 또한 수리에 사용하는 공구류도 적절한 것을 준비하고 있는지 어떤지 항상 확인하고 있다. 기술자 자신도 잘 훈련

되어 있어서, 어떤 수리를 해야 하는가 하는 결론을 내리는 데 많은 시간을 소모하는 일이 없다. 일에 착수하기 전에 모든 것을 터득한 것이다.

우리 회사의 경우, 한 번의 엔진 조정으로 기술자에게 지불하는 금액은 다른 회사와 마찬가지이며, 고객에 대한 청구액도 다른 곳과 같은 금액이다. 그러나 우리 회사 기술자의 주머니에 들어가는 돈은 타사의 경우보다 33퍼센트가 많다(결과적으로 우리 회사도 고객으로부터 받는 수입액이 33퍼센트가 많다). 왜냐하면, 기술자의 생산성이 타사에 비해 하루당 3할이 높기 때문이다.

따라서, 우리 회사의 이와같은 시스템 아래서는 종업원이 놀랄 만큼 많은 수입을 올릴 수도 있다. 이것은 좋은 일이지만, 종업원에게 '너무' 많이 지불하는 것을 걱정하는 경영자도 있다.

그러나 나는 아무런 걱정도 하지 않는다. 이것은 모두가 기뻐할 일이며, 사실 나와 매니저들은 끊임없이 종업원에게 "당신이 좀더 돈을 많이 벌기 위해서 회사가 협력할 수 있는 일은 없습니까?" 하고 묻는다. 바꿔 말하면 "각자의 생산성을 높이기 위해 회사 측에서는 무엇을 하면 좋은가?" 하는 것이다.

여기에 대해서 기술자가 생각해낸 아이디어가 컴퓨터에 의한 자동차의 추적 시스템 전개로 이어졌다. 수리를 필요로 하는 다음 자동차를 용이하게 찾아내는 방법을 제안한 것이다. 이 아이디어의 실현에 의해서 기술자는 본래의 일에 보다 많은 시간을 쓸 수 있게 되어 기술자의 수입도 올라가고, 회사로서도 같은 성과를 얻었다.

이것은 우리 회사로서는 당연한 일이지만, 다른 많은 기업에서는 일부러 그 반대의 일을 하고 있다.

어떤 판매지구의 담당 세일즈맨이 뛰어난 성적을 올리면 그가 지나치게 돈을 많이 번다고 해서 회사가 그 지구를 분할하는 경우가 흔히 있다. 이것은 잘못이다. 왜 좀더 많이 벌 수 있도록 협력해주지 않는 것일까? 조수를 붙여준다든가, 만일 진짜 민완가인 세일즈맨으로 지구의 할당이나 마진이 정당하다면, 좀더 많이 벌 수 있도록 해줘야 한다. 왜 급료를 삭감하는가? 왜 의욕을 꺾어놓는가? 그러지 말고 될 수 있는 대로 돈을 많이 벌 수 있도록 회사측에서 도와줘야 한다. 만일 참다운 슈퍼스타가 회사에 있다면, 돌진하도록 해줘야 한다. 그가 돈을 많이 벌게 된다면 결국 회사측도 돈을 더 벌게 되기 때문이다.

여기서 내가 무척 좋아하는 얘기를 하나 소개하겠다. 컬레이 크로포드(Curley Crawford)는 우리 회사의 서비스, 부품, 보디 숍 등 각 부문을 근본적으로 개혁하여 완전히 새로운 것으로 바꿨다. 크로포드를 트랜스밋숀 기술자에서 서비스 디렉터로 승진시켰을 때, 그의 연수입은 2만7천5백 달러에 전체 담당부문 이익의 10퍼센트가 더해진 액수였다. 그가 승진할 당시 어떤 담당부문도 이익이 제로였다.

그로부터 2년째가 되자, 크로포드의 연수입은 7만5천 달러가 되었다. 그가 연말에 W-2(연말 조정표)를 손에 넣었을 때, 회사 내의 친구에게 "회사측에서 이런 거액의 급료를 계속해서 줄 리가 없다. 틀림없이 삭감할 것이다. 두고 보라. 기필코 계산방법을 바꿀 테니까."하고 말했다고 한다.

나는 이를 우스운 생각이라고 생각한다. 나는 그의 보수액을 삭감하려고 생각한 적도 없고, 또 실제로 바꾸지도 않았다.

다음해, 크로포드는 10만 달러를 벌어들이며 "금년에는 틀림없이 삭감당할 것이다."라고 말했다.

그래서 나는 다짐해두기 위해 크로포드를 불러서 "잠깐 자네의 보수액에 대해서 얘기를 하고 싶은데."하고 말했다.

"다 알고 있다구요! 사장님도 다른 사람들과 똑같습니다. 내 급료를 삭감하려고 하는 거죠?"하는 입밖에 내지는 않아도 금세 알 수 있는 표정으로 크로포드는 나를 응시하고 있었다.

"나는 자네의 업무태도를 진심으로 자랑스럽게 생각하네. 내년에는 좀 더 많이 벌어주기를 바라네."하고 말했다.

2년 후, 컬레이 크로포드는 15만 달러를 벌어들였다. 나는 재차 크로포드를 불렀는데, 나는 그가 보수에 대한 계약을 변경하기 위해 자신을 불렀으리라고 생각한다는 것을 알고 있었다. 그의 표정과 태도는 전번과 완전히 똑같았다.

그래서 나는 말했다. "훌륭한 일을 했더군. 앞으로도 모든 것을 변함없이 지금처럼 해나갈 생각일세."

그러자 크로포드는 "저의 급여 계산방법을 전혀 바꾸지 않겠다는 말씀이군요?" 하고 말했다.

나는 바꾸지 않겠다고 대답했다. 변경할 이유가 어디에도 없었다. 분명히 이익의 증가분에 대해 그에게 할당되는 10퍼센트의 커미션은 거액에 달했지만, 회사에는 나머지 90퍼센트가 들어왔다. 따라서 이와 같이 뛰어난 성적을 올리는 종업원의 의욕을 꺾을지도 모르는 짓을 할 수는 없는 것이다.

종업원의 업적을 최고 수준으로 끌어올리는 시스템을 구축하는 것은 경영자의 역할이며, 종업원이 그 수준에 도달하면 할수록 더욱 더 많은 것을 벌 수 있도록 배려해주지 않으면 안 된다. 그렇게 하면 회사도 더욱 많은 돈을 벌 수 있게 되니까, 이것은 회사측과 종업원 모두 손해가 날 것이 없는 일이다.

체크리스트

✔ 보통보다 높은 임금의 지불을 마다하지 말라. 최고의 인재 고용 방법을 이해하지 못하는 회사가 많다. 경쟁회사가 지불하는 것 이상의 보수를 지불하면 된다.

✔ '여분으로' 보수를 지불하는 것이 아니다. 더 많이 주는 보수의 몫만큼 일을 하게 만든다. 그 몫만큼 고객에게 여분의 서비스를 해줄 것을 기대한다고, 종업원을 이해시켜야 한다.

✔ 이러한 인재에 대한 투자는 높은 이윤을 낳게 되어서 결국 많이 주는 몫은 낭비가 아니다. 이것으로 보다 재능이 풍부한 사람들, 즉 보다 효율적으로 일할 수 있는 인재를 고용할 수가 있다. 유능한 사람은 실수도 적고 감독할 필요도 그다지 없는데다가, 고객을 만족시키기 위해서 필요한 일은 무엇이든지 기꺼이 행할 의욕을 갖고 있다.

✔ 게임 도중에 규칙을 바꾸지 말라. 종업원의 보수가 거액이 되었어도, 그것을 삭감해서는 안 된다. 그것보다는 종업원과 회사가 좀더 많은 것을 벌 수 있는 방법을 생각해내야 한다.

CHAPTER 20

파트너십 페이 방식

이상하게 들릴지도 모르지만, 만일 종업원에게 열심히 최고의 서비스를 제공해주기를 진심으로 원한다면, 보수의 지불방법을 급여가 아니라 파트너처럼 이익배분 방식으로 해야 한다.

이 '파트너십 페이 방식'에는 여러 가지 형태가 있다. 간단한 방식으로는 전원에 대해서 커미션 형식을 취하는 형태와 종업원이 행한 개개의 일 단위로 지불하는 형태가 있고, 순이익을 일정한 비율로 각 종업원에게 배분하는 방법도 있다. 어떤 형태를 취하든 간에 파트너십 페이 방식은 보수의 결정방식으로는 대단히 성숙도가 높은 것이다. 그것은 회사의 소득을 그 소득조성에 기여하고 있는 사람들, 즉 종업원에게 배분해준다는 사고방식으로, 종업원에게 자신이 받는 보수가 어디로부터 발생하는 것인가를 올바르게 인식시키는 것도 된다.

우리 회사는 회사의 이익을 배분하도록 했기 때문에 코스트 절감, 판매성적의 향상, 품질개선에 대해서 종업원들이 절대적인 관심을 갖게 되었다.

업무 가운데는(세일즈 등) 개인의 업적 베이스에 의한 배분방법이 가장 적합한 것도 있다. 또 다른 업무에서는(제조, 경리 등) 그 부문이나 팀 전체의 업적을 평가기준으로 하는 것이 좋은 경우도 있다. 일단 공정하고 정확한 평가 시스템이 확립되면 파트너십 페이 방식의 개념은 대단히 공평한 시스템이 된다.

이 보수 지급방법은 비즈니스의 모든 레벨에서 활용할 수 있기 때문에 우리들은 이것을 회사 전체의 규칙으로 채용하고 있다. 임원은 각 담당부문의 이익에 따라 보수를 받는다.

부문간에 이해의 대립이 있을 수 있는 경우는 두 부문을 공동계산한 재원으로부터 보수를 지불한다. 우리 회사의 종업원도, 판매점의 종업원도 보수의 결정방식에 관한 이해는 동등하다는 것을 명확히 해두지 않으면 안 된다. 우리 회사에서는 이 개념을 '패러렐 페이(병렬보수) 방식'이라고 부른다.

우리 회사는 신차와 중고차를 판매하고 있는데, 신차 담당 매니저에게 신차 부문의 이익만으로 보수를 지불하고, 중고차 담당 매니저에게는 중고차 부문의 이익만으로 보수를 지불한다면, 중고차 인수가격의 평가점에서 반드시 대립하게 될 것이다. 그러니까 신차의 세일즈맨은 상담을 성취하기 위해 고객의 중고차 인수가격을 될 수 있는한 높게 책정하려고 할 것이고, 중고차 담당 매니저는 그 자동차를 재판매할 때에 최고의 이익을 올리기 위해 인수가격을 가능한한 낮게 잡으려고 할 것이기 때문이다.

그래서 부문별 이익과 손실을 연결시켜서 매니저의 보수를 산정한다. 그렇게 하면 쌍방의 손익은 일치하고, 공통의 목표를 가지게 되는 것이다. 중요한 것은 종업원과 회사의 이익에 대한 의식이 그곳에서 일치가 된다는 것이다.

이와 비슷한 개념을 기술자에게도 적용하고 있다. 기술자가 보다 많은 엔진 조정을 처리할 수 있고 그로 인해 이익을 올렸다면, 기술자는 그에 상당하는 보수를 받아야 마땅한 것이다. 기술자의 일이 시원치 않았기 때문에 고객이 재수리를 의뢰해온 경우에는 재수리에 대해 아무런 보수도 받을 수가 없다. 기술자도 회사도 보수를 받을 수 없을 뿐만 아니라, 어느 쪽이나 손실을 입게 된다. 이것도 병렬 보수 방식의 일례이다.

보수 결정방법으로 병렬 방식을 도입한다면, 파트너십 페이 방식을 완전히 원활하게 움직여 나가게 된다. 사실 지난 20년간 그 방식은 제대로 기능해 왔다. 그러나 우리 회사에서는 확인을 하기 위해서 그것을 정기적으로 테스트한다. 지금도 기억나는 것은 마무리 부문의 우수한 기술자의 예이다. 마무리 부문은 호일캡을 장착하고, 공장에서 반입된 차량에 대해서 수리가 올바르게 행해지지 않은 점이 있으면 이것을 정비하고, CD 플레이어 등의 액세서리를 정비하는 곳이다. 이 기술자에게는 개개의 작업 베이스로 보수를 지불하고 있었다. 언젠가 그 작업기록을 거슬러올라가서 조사한 다음, 실험적으로 커미션 방식을 그만두고, 급여 방식으로 하여 그의 실적 평균을 바탕으로 급료를 지불해 보았다. 품질은 달라지지 않았다. 그런데 그의 생산성은 2분의 1로 떨어졌다. 그의 작업의 질은 이전부터 훌륭하고 급여 방식의 변경 후에도 줄곧 변화가 없었으나, 생산성만은 떨어진 것이다. 그는 이미 우리 파트너가 아니었다.

나는 생산성이 낮은 회사는 스코어를 매기는 사람이 없기 때문이라고 항상 생각한다. 종업원이 정확하게 일을 한 횟수를 아무도 헤아리지 않는다. 그 일에 어느 정도의 시간을 들여야 하는지를 아무도 모른다. 만일 정말로 제대로 스코어를 매기고 있다면, 종업원의 생산성은 파트너로서의 보수를 받는 경우와 마찬가지로 높일 수 있을 것이다. 왜냐하면, 인간이란 본래 경쟁심을 갖고 있기 때문이다. 만일 하루에 10회 오일교환을 하고 그것이 누구보다도 많다는 것을 알고 나면, 나는 11회를 해보아야겠다고 열심히 일할 것이다.

그러나 파트너십 페이 방식은 좀더 뛰어난 것이다. 만일 이익의 퍼센티지라든가 개개의 작업 베이스로 보수를 받는다고 한다면, 사람들은 자신의 일과 수입 사이에 절대적인 상관관계가 있다는 것을 알 수 있기 때문이다.

만일 정말로 돈을 벌고 싶다면 늦게까지 남아서 요트값 지불에 충당할 비용을 벌 수도 있을 것이고, 일찍 출근해서 크리스마스를 위한 얼마간의 용돈을 마련할 수도 있는 것이다. 영업의 경우에는 더 많은 자동차를 팔기 위해서 낮에 평소 때보다 오랫동안 일을 해도 좋고, 야간 잔업이라든가, 토요일 출근의 일수를 늘려도 될 것이다. 자신에게 편리한 대로 근무시간대를 설정할 수 있을 것이고, 될 수 있으면 그것이 회사측에서 받아들일 수 있는 범위 내라면 더욱 좋다.

파트너십 페이 방식은 종업원에게 고객에 대한 보다 좋은 서비스 제공을 장려하기 위한 것이다. 이 방식을 채용하면 종업원은 자신의 이익을 생각해서 정확하게 일을 하고, 좋은 접객 태도를 취하게 된다. 왜냐하면, 자신이 얼마 벌 수 있는가를 결정하는 것이 고객이라는 것을 잘 알고 있기 때문이다.

이것은 매니저로서의 일이지만, 높은 생산성을 나타내는 종업원에게는 그 높은 수준을 지속시켜 나가기 위해서 뭔가 인센티브를 준비하

지 않으면 안 되고, 생산성이 낮은 사람에 대해서는 인센티브와 징벌 양쪽을 다 준비할 필요가 있다. 1개월에 자동차 6대를 팔고도 만족한다고 말하는 세일즈맨에게는 다른 회사로 가달라고 할지도 모른다.

여기서 파트너십 페이 방식은 개인적인 이익을 강조한 나머지 뛰어난 고객 서비스를 제공하려는 우리 회사의 의도에 훼방을 놓는 것이 아닌가, 이익을 얻으려고 조바심을 치고 일을 서두른 나머지 결과적으로 고객의 수만을 늘리려고 하는 일이 벌어지지 않을까 하는 의문이 제기될 것이다.

대답은 "노우"이다. 종업원은 고객이 앞으로도 계속 와주기를 희망하기 때문에 언제나 따뜻하고, 친절하고, 시원시원하게 응대를 해나갈 것이다. 왜냐하면, 고객이 돌아와서 다른 물건도 사준다면 자신은 좀더 윤택해지고 회사는 좀더 번영할 것이기 때문에, 좋은 고객 접대는 결과적으로 자신의 이익이 되기 때문이다. 고객이 두 번 사준다면, 두 차례의 커미션을 손에 넣을 수가 있다. 또 처음 보는 손님에게 파는 것보다는 이미 면식이 있는 손님에게 파는 쪽이 훨씬 일하기가 쉽기 때문에 세일즈맨이 고객을 소중하게 다루는 것은 당연한 일이다.

세일즈맨이 고객을 소중하게 대접하면 고객은 그 세일즈맨에게 호감을 갖게 된다. 그래서 고객은 좀더 많이 산다. 그렇게 되면 세일즈맨은 더욱 돈을 벌게 되고, 그는 고객을 언제나 소중히 다루게 된다. 이것이 바로 자기의 노력이 목적달성으로 연결된다는 것의 계시이다. 그리고 또 다른 이익도 있다. 소중하게 대접을 받은 고객은 그것을 친구에게 얘기하고, 그 친구가 찾아오면 세일즈맨은 더욱 더 벌 수 있는 것이다.

"알겠다. 하지만 만일 세일즈맨이 고객을 상대중이고, 그 고객의 요망에 부응하기 위해 바쁘게 뛰어돌아다니고 있다면, 다음 고객에게는 인사조차도 할 수가 없을 것이다." 라고 말하는 사람이 있을지도 모른다. 즉, 소수의 고객밖에 다룰 수가 없다면, 그 세일즈맨이 주말에 받아가는 보수는 예상보다 적어지지 않을까 하는 우려인 것이다.

그러나 그렇게는 되지 않는다. 월말에 그의 전체 수입은 고객 본위로 뛰지 않은 세일즈맨보다 많을 것이다. 장기적으로 보면 만족했던 고객은 몇 번씩이고 되돌아오고, 그의 친구들도 찾아와줄 것이기 때문이다. 이것은 틀림없는 사실이고, 실례가 있다. 최고의 CSI를 획득한 세일즈맨은 고객을 소중히 한 점에서 최고였는데, 동시에 보수도 최고였다. 또한 최고의 CSI를 획득한 판매점이 가장 많은 이익을 올리고 있다. 어려운 시기에 살아남을 수 있는 곳은 이런 판매점뿐이다.

고객을 소중히 하지 않는 종업원이 있는 판매점은 결코 오래 가지 못한다. 다음과 같은 보수 지불 방식을 채택하면 잘 되어갈 것이라고 생각한다.

기본급을 지불하지 않는다고 하면 사람들이 좀처럼 모여들지 않는다. 기본급이 없으면 불안하게 생각하는 사람들이 있기 때문이다. 그럴 때 우리 회사에서는 비교적 단기간, 예를 들면 90일간 경사 급여 방식(declining salary base)을 적용하는데 그 내용은 이렇다. 첫달은 급료로 3천 달러에 커미션을 붙여서 지급한다. 두 달째는 2천 달러와 커미션, 세 달째는 1천 달러와 커미션, 4개월째부터는 다른 종업원과 마찬가지로 커미션만 지급해준다. 만일 90일이 지나도 아직 이 보수 시스템에 익숙해지지 못했다면, 그 사람은 다른 곳에서 일하는 쪽이 더 좋을 것이다. 이러한 예도 종종 있었다.

이 사람이 우수한 기술자라면 가까이 있는 GM사의 애링튼 공장의 초립 라인에서 좋은 일자리를 얻을 수 있지만, 수입은 우리 회사의 보수 시스템에 비하여 약 30퍼센트가 적을 것이다. 그러나 보통의 기술자는 그쪽이 일반적인 수준이며 불안하지 않다고 생각하는 것이다. 그런 사람에게는 보통의 급여 방식 쪽이 좋다.

우리들의 보수 시스템 아래에서 제대로 해나가려면 보통 이상의 자율성과 자발성이 필요하다. 이 시스템은 사람들에게 자기 자신에게 좀더 책임을 갖도록 강요하는 것으로, 종업원이나 회사측 모두에게 좋은 일이라고 생각한다.

만일 이 보수 시스템을 채택할 경우, 커미션 베이스라든가 작업단위, 혹은 순이익의 몇 할인가 하는 형태로 보수를 지불하는 것이 최선의 이익배분 방법이다. 이것은 공동경영 감각을 키워주는 것과 동시에 종업원에게 자신의 일에 책임을 갖게 만드는 계기도 되고, 종업원이라기보다는 계약하고 일을 맡은 것 같은 독립감을 준다.

이 파트너십 페이 방식을 도입할 때, 맨처음에 해야 할 것은 플랜을 공평하고 효과적으로 실시하기 위해 종업원 한 사람이 행하는 작업량을 어떻게 논리적으로 정하는가, 그 방식을 생각하는 일이다. 의사나 변호사는 이 방식으로 보수를 받고 있다. 의사나 변호사가 할 수 있는 방식이라면 어느 누구라도 할 수 있을 것이다.

체크리스트

✔ 일의 달성도에 따라 보수를 지불하라. 전원에게 커미션이나 한 건당의 금액이나, 또는 이익의 몇 할이라는 형태로 보수를 지불한다. 이것은 이치에 합당한 것이다. 자신이 한 일에 대해서만 수입을 얻는 것이다. 우수한 성적을 올릴 수 없다면, 이익배분을 받으려고 해도 그것을 위한 이익을 올릴 수가 없고, 최종적으로 일도 없어지고 회사도 망하게 되어 버린다.

✔ 전원은 문자 그대로 전원을 의미한다. 경영자뿐만 아니라 부문 책임자, 과장 등 전원에게 공동 경영자인 것 같은 보수지불 방법을 채택해야 한다.

✔ 이와 같은 보수지불 방법에 의해서 전원의 고객 접대가 좋아진다. '파트너십 페이 방식'은 실제로 고객 서비스를 향상시켜준다. 보수를 얻고 싶다면 보수의 많고 적음을 좌우하는 사람들, 즉 고객을 소중히 해야 할 것이다.

SIX

리더십이란 솔선수범이다

CHAPTER 21

경영자는 속임수를 써서는 안 된다

나는 우리 회사의 비즈니스에 대해서 얘기할 때 '나'라는 단어를 쓰는 것을 싫어한다. 왜냐하면 실제로 우리 회사가 행하는 모든 것은 전체 팀의 노력에 의한 것이기 때문이다.

그러나 어떤 기업이라도 리더는 선두에 서서 기업을 성공으로 이끌어가지 않으면 안 된다. 종업원에게 일자리를 제공하고, 기업이 확실히 이익을 낳도록 비즈니스를 추진하고, 사원이 긍지를 갖고 일을 할 장소를 만들어내지 않으면 안 된다. 만약 이것을 게을리하면 아무도 뒤를 따라오지 않게 된다. 관리직이라는 것은 관리당하는 부하가 따라올 때에 비로소 그 존재이유가 있는 것이다. 피터 드러커(Peter Drucker)는 "리더십이란 솔선수범이다." 라고 말했다.

경영자는 속임수를 써서는 안 된다. 경영자는 자신이 설정한 목표는 달성할 수 있다고 확신하든가 내심 무리일지도 모른다고 생각하든가, 둘 중 어느 쪽이다. 무리라고 생각하고 있다면 이것은 종업원에게 금세 전화된다. 왜냐하면 확신하는 것 같은 '시늉'을 한다는 것은 대단히 어려운 일이고, 무엇보다 종업원은 경영자를 가까이에서 보고 있기 때문에 속임수는 통하지 않는다.

설정한 목표, 즉, 고객에게 항상 정직하라고 말하는 주제에 상사 자신이 그것을 무시하거나 고의로 고객을 속이는 모습을 부하가 알아챘다면 모든 것은 끝장이다. 상사가 고객을 소중히 하지 않는 것을 보면 부하도 그것을 본받게 된다.

설사 무엇을 하기로 되어 있는지 알고 있다 하더라도 그것을 잊어버리는 경우가 있는 법이다. 그래서 매주 일요일에 교회로 가게 된다.

마찬가지로 경영자는 자신이 어떤 가치관을 가지고 있는가를 말과 행동으로 나타내서 종업원이 그것을 언제나 잊어버리지 않도록 해야 한다.

경영자가 그런 짓을 하고 있다면 사원 의식향상을 위한 프로그램이니 집회니 하고 떠들어대도 아무런 소용이 없다. 경영자는 절대로 목표를 달성할 수 없을 것이다.

예를 들어보자. 렉서스의 판매점을 개점하는 날의 일이었다. 나는 시외에 나갈 용무가 있었고 더구나 아침부터 밤까지 굉장히 바빴다. 그날 밤 점포로 돌아오니 빌딩 밖에 종이컵과 빈 상자가 마구 흩어져 있었다. 개점시각이 박두했는데 아직 남아 있던 일을 하던 목수가 내버려둔 것들이었다.

나는 쓰레기를 주으면서 돌아다녔다. 금세 두세 명의 세일즈맨이 가담했다. 내가 아무것도 부탁하지 않았는 데도 말이다.

청소를 하는 동안 세일즈맨 하나가 "이것은 저 친구들이 해야 할 일이잖아요?" 하고 말했다.

나는 이렇게 대답했다.

"하지만 하지 않은 것을 어쩌겠나? 이곳은 우리의 점포니까 우리들이 뒤치닥거리를 하세."

나는 그 세일즈맨이 내가 한 말을 이해해주었으리라고 생각한다. 상사는 함께 일하는 부하에게 이런 종류의 이야기를 되풀이해서 들려주지 않으면 안 되고, 주차장에 떨어져 있는 쓰레기를 줍는 모습이나 고객의 짐을 자동차까지 들어다주는 모습을 부하에게 보여주어야 한다. 이것이 회사의 가치관을 정립하고 강화하는 방법이 된다. 귀찮은 일을 마다하지 않고 고객을 위해서 봉사한 종업원이 있다면, 사보에서 크게 다루는 것도 이런 이유에서이고, 기회 있을 때마다 우수한 사원에 대해서 얘기를 하는 것도 마찬가지 이유에서이다.

가치관과 신념을 몇 번이고 몇 번이고 되풀이해서 말하는 것은 일요일마다 교회에 가는 것과 비슷하다. 성서를 한 번 읽은 것만으로 그 가르침을 모두 이해하기는 불가능한 것이다.

그러나 실제로 무엇을 하기로 되어 있는지는 알고 있어도 그것을 잊어버리는 일이 있는 법이다. 이것이 교회에 가는 이유이다. 즉, 가르침을 잊지 않기 위해서인 것이다. 또 이것이 신념을 계속 되풀이해서 말하는 이유이기도 하다. 그리고 목표가 한 가지 달성될 때마다 그것을 축하해준다. 이것도 노력을 잊지 않기 위한 것이다.

그런데 목표는 몇 개나 설정해야 하는 것일까? 하나로 충분하다고 하는 사람이 많다. 만일 목표가 하나라면 누구나 집중할 수 있을 것이다. 그밖에는 아무것도 고민할 필요가 없으니까 목표는 하나인 쪽이 달성하기 쉬울 것이다.

그럴 듯한 얘기로 들리지만 이것은 잘못된 생각이다. 자신들의 목표는 일을 한 번에 정확하게 하는 것이라고 해도, 그와 동시에 종업원에게는 고객을 예의바르고 친절하게 대해주기를 원한다. 또한 사무실이나 전시장을 청결하게 하고 싶어한다. 각 매니저는 부하를 소중히 대해달라고 기대하면서, 또한 그 토대 위에서 이익을 올리고 싶다고 생각한다. 이 5가지는 어느 것이나 각각 목표가 될 수 있다. 그리고 어느 것이나 모두 중요하다. 이 가운데 하나만으로는 충분하지 않을 것이다.

그렇다고 해서 목표의 수를 계속 늘려나간다면, 종업원은 생각할 것이 너무 많아서 머리를 싸매게 되는 국면에 금세 도달해버리게 된다. 아마 목표가 6가지나 7가지가 된다면 그것은 너무 지나쳐서 인간의 사고력의 한계를 초월해버릴 것이다. 6가지 이상의 것을 한꺼번에 생각하는 것은 곤란하기 때문이다.

그러나 목표가 한 가지이든 여섯 가지이든 목표달성의 유일한 방법은 항상 경영자가 실현시키려고 하는 것과 그 이유를 말로 표현하여 그 성공례를 나타내주는 것이 중요하다.

그 훌륭한 예를 바로 지금 달라스에서 볼 수 있다. 다른 회사에서는 자동차 매상이 시원치 않은데도 불구하고 우리 회사의 매상은 호조다. 또한 우리 회사의 서비스 부문은 부품이나 보디 관계 외에 각종 서비스의 일이 무척이나 많은데, 경쟁회사에서는 가동하지 않는 시간이 늘어나는 형편이다.

나는 이것을 몇 번씩이고 되풀이하여 강조해서 이야기한다. 종업원을 한자리에 모아놓고 그 앞에서 얘기하는 것이 아니라 일대일로 얘기하는 방법을 택한다. 한 사람 한 사람에게 직접 얘기하는 쪽이 인상이 강해지고 효과도 더 커진다. 시간을 내서 세일즈맨, 기술자, 매니저와 지내며 전국에서 많은 딜러가 곤경을 당하고 폐업까지 하고 있는 이 곤란한 시기에 우리들의 어떠한 노력이 우리 회사가 이익을 올릴 수 있도록 하는가에 대해서 얘기를 한다.

예를 들어, 이러한 이야기를 나한테 이미 들었다면, 동료와 점심식사를 하러 갔을 때에 다른 회사에 있는 친구에게는 일거리가 없는 이런 곤란한 시기인데도 자신들에게 항상 일거리가 있는 것은 어째서인가 하고 얘기를 나누는 경우도 있을 것이다. 그리고 누군가가 "소웰 씨는 이 고객 서비스 방법이 성공의 비결이라고 전부터 말해왔는데 정말 그 말이 맞는지도 몰라. 지금 고통받고 있는 다른 회사 사람들은 분명히 우리 회사 사람들만큼 고객을 소중히 하지 않으니까 말야."하고 말할 것이다.

이렇게 해서 종업원들에게 이야기를 펴져나가게 만드는 것은 대단히 효과적이다.

기술자 몇 사람이 신입사원을 찾아가서 우리 회사의 비즈니스 방식을 단단히 가르치는 것을 본 일이 있다. 신입사원이 30분밖에 걸리지 않는 일을 두 시간분 청구하자 몇 명의 기술자가 그에게 가서 "여기서는 그런 짓을 하면 안 돼." 하고 말했다. 또 다시 같은 말을 해야 할 때에는 힐책하는 말투가 되어 이렇게 말할 것이다. "우리 손님을 속이지 말라구!" 때로는 고객을 심하게 다룬 사람을 쫓아낸 결과로 확대된 일도 있다. 면목이 없어서 회사를 그만두지 않을 수 없었던 것이다.

우리 회사의 방식은 보통보다 하드 워크를 요구한다고 해서 이런 방식에 찬성할 수 없다는 사람도 있다. 그러나 장기적으로 보면 이쪽이 편리하다. 정확하게 일을 해나가면 제대로 일을 하지 않았다고 항의하는 사람은 없을 테니까 말이다.

인생은 기쁨으로 가득차고, 고객은 행복을 느끼고, 그리고 비즈니스는 번창하게 될 것이다.

체크리스트

✔ 첫째가 되겠다고 결심하라. 많은 것을 기대하면 많은 것을 얻을 수 있다는 점을 염두에 두고, 목표는 최고의 달성도로 설정하라.

✔ 경영자는 모범이 되지 않으면 안 된다. 경영자는 단지 설교를 하는 것만으로는 안 된다. 모두의 모범이 되어서 지도해야 한다. 리더십이란 솔선수범이다. 회사를 청결하게 하는 것을 목표 중 하나로 결정했다면, 경영자 자신이 주차장에 떨어져 있는 종잇조각을 보고 줍지 않았을 경우 종업원 누구에게도 회사를 청결히 하는 것을 기대해서는 안 된다.

✔ 성공하면 그때마다 축하해주라. 그것은 경영자가 좋다고 믿는 것의 중요성을 강조해준다. 경영자는 항상 목표와 회사의 이념, 가치관에 대해서 종업원에게 얘기해야 한다. 표준 이상의 좋은 업적을 올린 종업원의 이름을 반복해서 입에 올리도록 하라. 경영자가 그런 식으로 보내는 메시지는 반드시 전해질 것이다.

SEVEN

이미지 조성이 중요하다

CHAPTER 22

세일즈 현장은 쇼 무대여야 한다

나는 〈디즈니 월드〉를 좋아한다.

디즈니 월드는 청결하고 경관이 아름답게 잘 정돈되어 있다. 세부에
이르기까지 배려가 구석구석 잘 되어 있다(가령, 덤불은 미키 마우스
나 덤보 등의 디즈니 캐릭터의 모양으로 가위질이 되어 있다).

디즈니 월드는 우리 회사의 어느 점포나 모두 그랬으면 좋겠다고 머
리에 그리고 있는 이미지 그 자체이다. 즉, 언제나 잔디를 깨끗이 깎아
서 손질해 두도록 명심하며, 주위에 심는 나무를 하나하나 엄선하고
건물은 언제나 새롭게 보이도록 새로 칠하며, 건물 안도 주위도 청결
하게 유지하도록 신경을 쓰고 있다(점포 앞의 도로를 청결하게 유지하
기 위해 나는 도로 청소차까지 준비했다).

우리 회사 구내를 디즈니 월드처럼 청결하고 질서정연하게 보이고
싶은 것이다.

왜 이렇게까지 외관에 구애를 받는 것일까? 그것은 취급하는 상품에
대해서, 또한 종업원에 대해서 고객에게 통일된 느낌을 주고 싶기 때
문이다.

카 딜러는 결국 소매점의 일종이어서, 점포의 장식방법이나 외관,

고객에 대한 생각과 종업원에 대한 생각의 대부분을 얘기해주게 된다.

그것은 우리 회사의 가치관을 얘기해주는 것이고, 고객도 그와 같은 가치관에 동조해준 것이라고 생각할 수 있기 때문이다. 왜냐하면 꽃이나 나무들, 아름다운 뜰을 사랑하는 마음을 가진 사람을 비즈니스의 상대로 삼고 싶다고 생각하는 사람이 많기 때문이다.

요컨대, 이러한 배려를 하는 것은 "우리 점포는 다른 가게와는 다릅니다."라고 사람들에게 얘기하기 위해서이다. 이곳은 엉성하고 매너의 '매'자도 모르는 카 딜러와는 다른 타입의 점포라는 것을 나타낸다. 사람들에게 전달하고 싶은 메시지는 "우리 회사의 종업원은 손님의 입장에서 사물을 생각합니다.", 또한 "이곳은 기분좋게 쇼핑을 할 수 있는 곳입니다."라는 것이다.

이 메시지는 우리들의 상품라인에서도 일관성있게 주장되고 있다. 우리 회사에는 5개의 판매점이 있고, 그 가운데 한 점포는 시장에서 최저 가격대의 자동차인 현대 자동차를 취급하고 있는데, 다른 점포에서는 캐딜락이나 렉서스와 같은 고급 자동차를 취급하고 있다. 취급하는 차종에 따라 세밀한 점에서 차이는 있지만 어떤 점포나 똑같이 신중하게 세부에 이르기까지 배려한다.

고객에 대한 대접이든 사무실의 실내장식이든, 무엇을 하는 경우에도 잊어서는 안 될 것은 고객을 엉겁결에 "아아!" 하고 감탄하게 만드는 요소, 즉 사람들의 관심을 사로잡고 세밀한 점까지 시간과 노력을 들여서 배려한다는 것을 고객이 알아차리도록 만드는 요소를 도입해야 한다.

예를 들면, 캐딜락 점포에서는 세련, 사치, 쾌적함을 어필한다. "우리는 캐딜락을 팔고 있는 거라구요. 이것이야말로 최고급품 자동차이지요!" 하고 고객에게 주장하는 셈이다.

우리 회사의 인테리어 디자인은 세계에서도 가장 아름다운 호텔 몇 곳의 실내장식을 담당했던 트리시아 윌슨(Tricia Wilson)이 맡았다. 스코틀랜드의 세인트 앤드류스, 프랑스의 디즈니 월드에 있는 세 개의 호텔, 그리고 콜로라도 스프링스의 브로드무어 호텔 등이 그녀의 대표작이다.

우리 회사의 인테리어로 윌슨 여사가 고른 것은 세 개의 거대한 윌리엄스버그 조의 샹들리에와 아름다운 오크 목재로 통일한 패널이었다. 가구는 전부 마호가니제이며 의자는 진짜 가죽을 씌운 것이다. 가죽의자는 앉음새가 좋은 것은 물론이고, 결국은 천을 씌운 것보다 싸게 먹힌다는 것을 알게 되었다. 그것은 가죽의자가 오래 가기 때문이다.

이렇게 말하면 매우 간단한 얘기같지만, 실제로 최초의 쇼룸은 우리 회사 스탭이 디자인했는데, 고객들로부터 정말이지 '촌스러운' 디자인이라는 평을 들었다(특히 갈색 비닐제 가구와 크롬제 테이블이 평이 나빴다). 그뒤 윌슨 여사에 의한 내장이 완성되자, 프로와 풋내기와의 차이는 확연했다. 그리고 디자이너가 하는 수고와 시간을 절약한 데다가 오래 가기 때문에 결국 코스트는 싸게 먹힌 셈이다.

지금도 쇼룸의 한가운데에 있는 테이블에는 커다란 화병에 신선한 꽃이 항상 꽂혀 있다. 사실 이것은 우리 집사람의 아이디어인데, 어느 날 밤 뉴욕의 〈라 그레뉴이유〉에서 식사를 했을 때, 아내가 신선한 꽃이 잔뜩 꽂혀 있는 것을 보고는 우리 회사의 쇼룸도 꽃으로 장식하면 아마 이렇게 우아하고 따뜻한 분위기를 조성할 수 있지 않겠느냐고 말했다. 시험삼아 해보았더니 과연 말 그대로였다. 그래서 그때부터 싱싱한 꽃을 계속 꽂아놓기로 했다.

쇼룸의 카페트는 캐딜락의 화관과 문장을 깨끗이, 그러나 요란스럽지 않게 짜넣은 것이다. 전체의 색상은 소프트 블루와 아이보리색으로 했다. 이곳에는 창문에 '세일'이라고 쓴 광고도 붙여놓지 않았다.

개중에는 판매점에 광고도 붙이지 않고 그냥 내버려두는 것은 모처럼의 기회를 놓쳐버리는 것이라고 반론하는 사람도 있다. 그러나 우리 회사에서는 '금주는 장기융자 2. 9%'라든가, '스페셜 세일, 자동차는 바로 이것!' 따위의 커다란 글자의 현수막같은 것으로 사람들을 끌어들이려고는 하지 않는다. 그런 표시의 유무에 불구하고 그와 같은 얘기를 고객에게 하지 않는 세일즈맨은 그다지 현명하지 않다고 생각하고, 우리 회사에서는 그런 세일즈맨은 고용하지 않는다.

그런데 대부분의 고객은 접대가 따뜻하고 쾌적한 점포에서는 지갑의 끈이 느슨해지는 법이다. 앞에서도 말한 것처럼 우리 회사와 거래하는 고객은 쾌적한 여유를 구하고 있다. 이것은 호텔이나 레스토랑에서의 일을 생각해보면 잘 알 수 있는 일이다. 〈벨 에어〉나 〈맨션 앳 터틀 크리크〉 같은 고급 호텔에서는 창문이라는 창문은 모두 '주말 특별할인'과 같은 광고지를 붙여놓지 않으며, 유명한 레스토랑에서 점심을 먹어봐도 알겠지만 흑판에 '오늘의 특별 메뉴!' 따위는 적혀 있지 않다. 이러한 장소에는 각기 하나의 정해진 독특한 분위기가 있고, 이것은 우리 회사도 마찬가지이다.

우리 회사에서는 가격이 캐딜락이나 렉서스의 4분의 1 밖에 안 되는 현대 자동차 딜러도 거의 비슷하게 점포의 이미지를 설정하고 있는데,

고객에게 평판이 좋은 것 같다. 물론 다소의 차이는 있다. 현대 자동차의 대상은 젊은층이기 때문에 샹들리에는 쓰지 않고, 전체의 디자인도 훨씬 현대적으로 하며 따뜻한 느낌이긴 하지만 하이테크 조이다. 점포의 분위기와 그 표현의 스타일은 상품과 일관성을 갖도록 되어 있다.

현대 자동차 딜러점이나 다른 어떤 점포에서도 강요하는 것처럼 보이는 요소는 일체 배제하고 있다. 언제나 커피를 끓이고 있기 때문에 고객에게 언제라도 권할 수가 있다. 또 캐딜락 판매점 안에는 근처의 레스토랑인 〈셀레브레이션〉의 지점을 개업하게도 했다. 이 때문에 고객은 자동차를 기다리는 동안 여기서 식사도 할 수 있으며, 점심시간 같은 때에는 종업원도 바깥의 자동판매기에서 먹을 것을 사오지 않더라도 고객과 마찬가지로 이 레스토랑에서 맛있고 신선한 식사를 즐길 수 있다.

적절한 분위기를 만든다는 아이디어는 서비스 부문에도 골고루 퍼져 있다. 우선 청결하게 하고 있다. 바닥은 매일 밤 닦는다. 보디 숍에서 쓰는 샌더에는 바큠 호스를 붙였기 때문에 먼지를 완전히 빨아들여서, 바닥에는 한 조각의 휴지도 떨어져 있지 않다.

만일 고객이 서비스부에 와서 청결하고 바닥이 반짝반짝 빛나는 것을 본다면, 아마 "아아, 이곳은 좀 다르군! 다른 곳보다 손질을 열심히 하는 것 같애. 이 정도라면 틀림없이 내 자동차도 잘 손질을 해줄 거야." 하고 생각할 것이다.

비즈니스는 이렇게 해나가야 한다고 생각한다. 캐딜락이나 렉서스는 꿈의 자동차이다. 꿈의 자동차를 구입하려는 사람에게 그것은 특별한 경험일 것이다. 극한 사치의 신차를 사는 것도 빵 한 개를 사는 깃과 똑같다고 말하는 사람도 있지만, 실제 그러한 사람은 그리 많지 않다. 대부분의 사람들에게 3~4만 달러의 쇼핑은 커다란 이벤트이다. 도대체 몇 번 정도나 그런 기회가 있겠는가?

우리 회사에서 하루 25대의 신차를 팔았다고 해도, 그 가운데 한 대의 신차를 사서 타고 집으로 돌아가는 개개의 고객에게 그것은 엄청나게 중대한 사건이라는 것을 잊어서는 안 된다.

세일즈는 하나의 드라마가 아니어서는 안 된다. 상품을 보았을 때, 고객에게 "아아!" 하고 신음을 발하게 하는, 그런 환경으로 만들어야 한다. 가구, 비품, 조명 등 각기 세밀한 점에 이르기까지 고객에게 드라마틱하고, 유쾌하고, 즐겁다고 느끼도록 하는 것이 아니면 안 된다.

여기서 세밀한 점이라는 것은 지금까지는 통상 고객의 눈에 띄지 않았던 부분을 말한다. 예를 들면, 렉서스의 경우 딜러점의 디자인을 할 때, 서비스 작업장 안을 내려다볼 수 있는 커다란 창문을 냈다. 타인이 일하는 것을 바라보는 것은 재미있는 일이니까, 여기서 모두는 갑자기 현장감독이 된다. 또 이 창문은 우리 회사가 우리의 작업설비와 작업태도를 자랑으로 삼고 있다는 것을 고객에게 전달하는 역할도 완수하고 있다. 고객에게는 우리 회사의 작업태도를 자세히 보여주고 싶은 것이다.

미국에서 최고라고 일컬어지는 레스토랑 중에서도 같은 경우를 볼 수 있다. 지금은 주방 안이 모두 보이게 되어 있는 곳도 드물지 않지만, 뉴욕의 〈르 베르나당〉에서는 주방 안을 내려다볼 수 있는 특별석까지 마련해놓았다.

이것들은 모두 극장적 감각을 만들어내는 데 도움을 주고 있다.

이 얘기를 조금 확대한다면, 만일 세일즈가 드라마라면 판매 세일즈 현장은 무대라고 할 수 있을 것이다. 이 무대를 사용해서 통일된 분위기를 만들고, 들어온 사람들을 "아아!" 하고 감탄하게 만들고 싶은 것이다.

손님이 몸의 방향을 조금만 바꿔도 곧장 자동차에 걸려 넘어질 뻔하지 않게 하기 위해서, 쇼룸이 너무 혼잡하지 않도록 상당히 노력을 기울이고 있다.

소매업계의 표현으로 어쩌면 가장 오래된 것이라고 생각되는데, "선반이 비어 있으면 아무것도 팔리지 않는다."는 말이 있다. 그러니까 항상 상품은 풍부하게 재고시켜 놓아야 한다는 의미인데, 나도 그것에는 동감이다. 다만 재고를 많이 두라는 것이 "쇼룸에 모든 것을 진열해 놓으라."는 것은 아니다. 상품은 효과적으로 진열해놓아야 하며, 그러기 위해서는 전시의 과잉, 무질서, 혼란을 피해야 한다. 쇼룸은 들어가보고 싶은 마음이 생기도록 하는 분위기가 아니면 안 된다.

이것을 확인하기 위해 정기적으로 정면 문앞에 서서 고객의 시각에서 쇼룸을 바라보고, 쾌적한 장소로 보이는지 아닌지를 체크하고 있다. 고객이 과연 안에 들어가보고 싶은 마음이 들까, 인테리어의 센스는 좋은가, 카페트는 다른 것과 바꿀 필요가 있는가, 시대에 뒤떨어진 느낌을 주는 것은 없는가 등에 대해서 주의를 게을리해서는 안 된다. 또한 동시에 고객에게 "이것은 마음에 든다!"고 말할 수 있게 할 만한 것이 쇼룸에 있는가도 생각한다.

고객의 반응이야말로 우리 회사가 추구하는 바이다. 고객의 주의를 끌어서 "이 점포는 세밀한 점까지 신경을 써서 손님의 눈에 점포가 어떻게 비치는가를 생각하고 있다. 이런 곳이라면 애프터 서비스도 좋을 것이 틀림없다."고 생각하게 만들고 싶은 것이다. 우리 회사의 경우, 들어온 고객의 눈을 우선 끄는 것은 여기저기에 장식된 생화, 호화스러운 오크 목재의 내장, 샹들리에인 것이다.

이런 방식이 조금 지나치다고 하는 이야기도 있을지 모른다. 고자세를 취하는 것 같은 인상을 주어서는 안 된다. 그렇기 때문에 종업원의 접객태도는 따뜻하고, 싹싹하고, 친절하지 않으면 안 된다. 이렇게 접대하면 고객은 불쾌하게 느끼지 않는다. 쇼룸에 들어온 고객이 주위를 둘러보고, 내가 혹시 잘못 들어온 것이 아닌가 하는 태도를 보이는 것을 몇 번인가 보았는데, 종업원이 다가와서 인사를 하며 "찾아주셔서 감사합니다. 무엇을 찾고 계십니까?" 하고 말하면 고객은 안도의 숨을 내쉬고, 전보다도 한층 더 우리 회사의 상품을 사려는 기분이 들게 된다.

최소한 잊어버리면 안 되는 것은 분위기 조성에는 다양한 방법이 있다는 것이다. 예를 들면, 디즈니에서는 '즐거움'을 앞세워 시골 장터를 드라마를 상연하는 고급스러운 극장으로 바꾸었다고 볼 수 있다. 즉, 축제에 엄청나게 비싼 입장료를 받고 있다고도 할 수 있는 것이다.

그리고 명심해야 할 것은 점포의 분위기는 취급하는 상품과 일관성이 있는 것이 아니면 안 된다는 점이다.

체크리스트

✔ 세일즈 현장이라는 극장에서 연기해야 할 역할을 자세히 연구하여, 그 역할을 수행하라. 점포의 외관은 점포 주인의 가치관과 취급 상품을 반영하는 것이다. 만일 사치스러운 상품을 팔고 있다면, 점포는 호화스러운 외관을 지녀야 할 것이다. 이것은 호화스러움으로 사람을 위압하라는 의미가 아니라, 취향이 풍부한 것으로 만들라는 것이다. 이렇게 하면 분위기가 생겨난다. 고객한테서는 호평을 받을 것이고, 또 종업원도 이러한 분위기 속에 있으면 어떤 접객태도를 취하면 좋은가를 암암리에 배우게 된다 (점포 주인도 이런 분위기에 의해서 종업원을 어떻게 대해야 하는가를 항상 염두에 두게 된다).

✔ 실내장식을 할 때는 담당자가 디자이너가 아닌 한, 경험이 풍부한 프로의 손을 빌리도록 하라. 그러면 시간과 비용이 절약된다.

✔ 적절한 분위기 조성의 가장 간단한 방법은 비즈니스 현장인 점포를 자신의 가정으로 바꿔놓아 보는 것이다. 자신의 집에 친구나 이웃을 초대할 때, 기분좋고 편안하게 지내게 하고 싶다는 그런 심정으로 말이다.

✔ 극장의 무드도 중요하지만 손님에게서 돈을 받는 것은 쇼라는 것을 잊어서는 안 된다. 그러니까 결국 상품이 스타이며 상품을 팔아야만 비즈니스가 성립된다고 할 수 있다.

CHAPTER 23

어머니의 말대로 매너는 중요하다

우리 회사에서는 예의바른 것을 중시하고 있다. 고객에 대해서나 종업원에 대해서 항상 나의 자녀, 부모, 아내나 남편, 혹은 친구에게 대하듯이 대하도록 노력하고 있다.

기본적으로는 황금률이라고도 할 수 있는 이 예절을 누구나 알아서 지킨다면 얻게 되는 것이 엄청나게 많다. 예를 들면, 레스토랑에서 식사를 할 때도 예절을 알고 있으면 훨씬 마음이 편하고 기분이 좋다. 접객태도 같은 것에 대해서 불평이 터져나오는 일이 없어지고, "댁의 종업원은 어찌 그렇게 친절합니까? 댁에서 사기를 정말 잘했습니다." 하고 말하게 될 것이다.

일을 하러 나가는 것도 전보다 훨씬 즐거워진다. 고객은 우리 회사를 마음에 들어하고 있으니까 다투는 일이 없어지고, 판매하는 사람과 구입하는 사람이라는 이해가 상반된 상대로서가 아니라, 마치 친구와 비즈니스를 하는 것처럼 된다.

게다가 그 때문에 좀더 이익이 올라가게 된다. 장기적으로 보면, 비즈니스의 현장을 즐거운 분위기로 만드는 것이 매상을 늘리고, 코스트를 절감하는 셈이 된다(제36장 참조).

> *종업원에게 예의바른 접객태도를 요구하려면 경영자 자신이 먼저*
> *종업원을 예의바르게 대해야 한다.*

자질구레한 조그만 일의 축적이 즐거운 분위기 조성에 도움이 된다. 예를 들면, 고객이 자동차를 인수하러 왔을 때 차를 끌고온 종업원이 문을 열면서 "매번 감사합니다. 찾아주셔서 고맙게 생각합니다!" 하고 인사를 하거나, 지불할 때 경리계 직원이 감사의 뜻으로 작은 초콜릿 상자를 고객에게 건네주거나 하는 것 등이다.

경영자가 종업원에게 고객을 정중하게 다뤄주기를 원한다면, 우선 자신이 종업원을 정중하게 존경하는 마음으로 대해야 한다. 예를 들면, 고객을 욕하거나 하지는 않으니까, 종업원에게도 욕을 하거나 해서는 안 된다.

존경하는 마음을 가지고 종업원을 대한다는 것은 연약한 태도를 취하는 것이 아니다. 무례한 일을 하지 않고서도 강경한 태도를 취할 수 있다. 남에게 뭔가 시키기 위해서 욕을 할 필요는 없다. 정중하게 부탁하고, 그래도 해주지 않는다면 해주는 사람에게 부탁하면 된다.

일을 잘 진행시키려면 자신이 이렇게 대해주었으면 하고 생각하는 식으로 사람들을 대하면 된다. 그것은 캐딜락이나 렉서스의 경우로 말하면, 우리 회사가 취급하는 상품이 다른 회사가 취급하는 상품과 조금도 다를 것이 없기 때문이다. 자동차를 구입하는 프로세스에 다른 회사에 없는 무엇인가를 추가하는 유일한 방법은, 말썽이 일어날 것 같은 씨앗을 뿌리지 말고, 무료 대차 제공 등 우선 해야 할 일은 정확히 하고, 고객의 생활을 우리 회사가 가능한한 최대한으로 즐겁게 해주는 것이다(토요일 영업, 초콜릿 상자 등). 고객의 생활을 보다 즐겁고 편안한 것으로 만들어줄 수 있다면, 우리 회사는 반드시 그만한 보상을 받게 된다.

우리 회사가 가장 감사하고 있는 고객은 재규어나 메르세데스, BMW로 차를 바꿔 사서 일단 우리 회사를 떠나간 고객들이다. 일단은 떠나갔지만 이러한 딜러의 고객 서비스를 경험하고 나면, 대개의 경우는 우리 회사로 되돌아오게 된다.

이전에 메르세데스 딜러 앞에서 달라스의 어떤 기업 사장을 차에 태워준 일이 지금까지도 강한 인상으로 남아 있다. 메르세데스 딜러에서는 아무도 그를 태워다주지 않았기 때문에, 그 사람은 회사로 가기 위해 택시를 부르고 기다리던 참이었다. 마침 자동차로 그곳을 지나가던 나는 서있는 사장을 보고, 사무실까지 태워주었다. 태우고 가는 도중에 그 사장은 "왜 나는 당신네 회사에서 메르세데스 같은 데로 바꿔버렸는지 모르겠소." 하고 자꾸만 고개를 갸웃거렸다. 2년 후, 메르세데스의 트레이드 인 시기가 찾아왔을 때, 그 사장은 우리 회사에서 트레이드 인하고 캐딜락을 샀다. "그 메르세데스는 훌륭한 자동차였지만, 서비스를 받을 때 그런 불쾌한 꼴을 당하면서까지 타고다닐 가치는 없더군요." 하고 말했던 것이다.

예의바르고 남에게 친절하게 행동하는 것은 한푼도 돈이 드는 일도 아닌데, 왜 모두들 그렇게 하지 않느냐고 이상스럽게 생각할지도 모른다. 사실 나도 그것이 이상하다. 예전에는 "대답은 간단하다. 어머니의 양육방법이 좋지 않았기 때문이다." 하고 말했지만, 지금은 인간은 태어나고 자라난 가정의 산물이며, 또한 직장의 가치관의 산물이라고도 생각하고 있다. 특히 후자가 중요하다. 상사가 만들어낸 환경은 상사 자신에 대해서, 또 함께 일하는 부하에 대해서 상사가 어떻게 느끼고 있는지에 대해서 많은 것을 애기해주는 것이다.

고객과 부하의 취급방법이 서로 다른 상사는 별로 없다. 종업원이 고객에게 예의를 지켜서 대하도록 아무리 타일러도 상사로부터 무례한 취급을 받는다면, 그것은 무리한 요구인 것이다.

체크리스트

✔ 어릴 때 어머니한테 배운 예의바름을 생각해내고 실행에 옮기도록 하라. 예의바르게 대하면 절대로 남에게 상처를 입히는 일이 없다.

✔ 대부분의 사람들은 친절하게 대하는 것은 나약함을 나타낸다고 생각하지만, 그것은 잘못이다. 남에게 친절하게 대하는 쪽이 좀더 효과적으로 일을 추진할 수 있고, 누구라도 기분좋게 느끼는 법이다.

✔ 조금만 마음의 배려를 해보라. 고객이 지나갈 때 문을 열어 준다든가, 산 물건을 자동차까지 들어다준다든가, 이런 자질구레한 일이라도 누구나 고맙게 생각한다. 자신이 그런 고마운 일을 당했을 때, 얼마나 즐겁게 느끼는가를 생각해보라.

CHAPTER 24

화장실의 청결도는 고객에 대한 배려의 척도이다

화장실을 깨끗이 청소해 두는 것은 대단히 중요한 일이다.

나는 어렸을 때 그것을 깨달았다. 우리 가족은 매년 여름방학이 되면 서부로 드라이브를 가곤 했는데, 어떤 주유소에 정차하느냐를 어떤 식으로 정했는가를 나는 지금까지도 기억하고 있다. 우선 외관을 보고 깨끗하면 틀림없이 화장실도 깨끗할 것이라고 생각했던 것이다.

그러나 때로는 그 판단이 틀리는 일도 있었다. 자동차를 멈추면 어머니, 누나, 아버지 가운데 누군가가 안으로 들어가는데, 바깥에서 봐서 깨끗해도 화장실은 더러운 경우가 몇 번인가 있었다. 만일 더러우면 얼른 뒤로 돌아나와 버린다. 휘발유 급유를 하고 있다가도 도중에 중단하고, "이제 됐어요. 나중에 다시 오겠어요. 잠깐 급하게 볼일이 있어서요."라고 우물우물 말하며 그대로 와버렸다. 즉, 주유소의 질을 화장실의 청결함으로 판단했던 것이다. 이와 똑같은 것을 카 딜러에 대해서도, 아니 어떤 비즈니스에 대해서도 말할 수가 있다.

고객은 거의 모든 일로부터 기업을 판단한다. 화장실을 얼룩 하나없이 청결히 하고 센스있게 장식하는 일에 언제나 유의하는 것은 고객에 대한 배려를 나타내는 하나의 방법이며, 또한 다른 회사와 차별화 하는 하나의 방법이 되기도 한다.

우리 회사의 화장실이 깨끗하다고 해서 자동차를 사는 사람은 없다. 그러나 톰 피터스가 언젠가 말한 것처럼 비행기의 기내 탁자에 커피 얼룩이 남아 있는 것을 발견했다면, 기내를 이런 정도의 엉성한 손질 로 내버려두고 있으니까, 엔진의 메인트넌스에 대해서까지도 과연 괜 찮을까 하고 불안해질지도 모른다.

사람들이 귀사와 비즈니스를 하는 것에 의심을 가지게 될 계기(잠 재적인 계기라 하더라도)가 있어서는 안 될 것이다.

나를 보고 "댁의 화장실이 너무나 깨끗했기 때문에 나는 자동차를 샀습니다." 하고 말한 사람은 지금까지 아무도 없었다. 그러나 "댁의 화장실은 참 아름답더군요." 하고 말한 여성은 많이 있었고, "이곳의 화장실이 얼마나 깨끗한지 당신 믿을 수 있어요?" 하고 얘기하는 것을 들은 적도 있다. 특히 중요한 것은 오늘날에는 화장실의 청결도에 대 해서 사람들이 이전보다 훨씬 더 민감하다는 점이다.

화장실에 대해서 이와같은 고객의 말을 듣는 것은 단적으로 말해서 고객에게 어떤 인상을 심어주었다는 것이 된다. 사소한 일일지도 모르 지만 그것이 복수의 고객의 목소리라고 한다면, 이러한 목소리의 반복 은 무시할 수 없다. 그래서 우리 회사는 화장실에 대해서 진지하게 생 각하고, 고급 주택이나 호텔에서 쓰는 한 권당 250달러나 하는 비싼 벽지를 바르고, 또 벽에는 액지(남성용 회장실에는 스포츠, 여성용에 는 꽃의 그림)를 걸어놓았다. 바닥의 타일은 특별히 반들반들하게 광채가 나는 것으로 청결함을 강조한다.

타일의 랭크는 1에서 4까지 있는데, 우리 회사에서는 최고의 광택으로 문자 그대로 반짝반짝하는 랭크 4만을 사용한다(그런데 이 타일에 왁스를 칠하는 코스트는 타일을 새로 바꾸는 코스트에 비해서 엄청나게 비싸다는 것을 알았다. 그래서 타일을 한 시간마다 닦고 왁스는 일체 바르지 않기로 했다. 4년에 한 번 바꾸는데, 그래도 왁스를 바르는 것보다 싸게 먹힌다).

또 우리 회사에서는 종업원 화장실도 마찬가지로 항상 깨끗이 하고 있는데, 처음부터 그랬던 것은 아니다. 기술자의 록커룸은 옛날에는 상당히 지저분했었다. 어느 날, 기술자들과 함께하는 저녁식사 모임에서의 일이었다. 이것은 나로서는 결코 잊을 수 없는 일인데, 하이테크 기술자 중 한 사람인 샘 맥펄랜드가 찾아와서 이렇게 말했다.

"이 회사는 고객을 소중히 하고 있는지는 모르지만, 때때로 종업원에 대한 것은 잊어버리고 있는 것 같습니다. 우리들의 화장실을 보신 적이 있습니까? 그곳을 기분좋게 사용할 수 있다고 생각합니까?"

나는 쥐구멍이 있으면 기어들어가고 싶었다. 일주일 후, 목수를 불러서 종업원 화장실을 부숴버리고 제대로 된 것으로 다시 만들었다.

체크리스트

✔ 화장실은 남성용이나 여성용이나 한 시간마다 청소하여 얼룩이 하나도 없는 상태로 해두라.

✔ 바닥 타일의 멋진 광택이라든가, 벽의 액자라든가, 화장실 안에 적어도 한 가지는 주의를 끌 수 있는 것을 놓아두고, 세부에까지 신경을 쓰고 있다는 사실에 고객의 눈을 돌리게 하여 깊은 인상을 주도록 하라.

✔ 간부용 화장실을 만드는 진짜 이유는 간부는 보통 수준의 청결한 변소에 들어가고 싶어하지 않기 때문이 아닐까?

CHAPTER 25

표지판을 재검토하라

실내 표지판(간판, 사내 게시 등)은 고객 서비스의 하나의 형태. 대부분의 사람들은 그런 것을 생각지도 않는 것이 보통이지만, 이것은 잘 생각하지 않으면 안 될 부분이다. 표지판을 걸어놓는 이유는 단 세 가지밖에 없다. 즉, 점포명이나 회사명의 표지판, 상품의 설명, 어느 쪽으로 가면 좋은가 등 방향표시이다.

이 세 가지 기능 중 어떤 기능도 수행하지 않는 표지판이라면 떼어내야 하는데, 그렇지 않으면 시각적 혼란을 가져오고 다른 표지판조차 읽기 힘들게 만들어 버린다. 물론 그런 것은 처음부터 표지판으로서의 의미가 없는 것이다.

표지판은 도움이 되지 않으면 의미가 없다. 대부분의 사람들은 화장실이 어디냐고 누군가에게 묻기보다는, 어딘가에 화장실 안내 표지판이 없나 하고 찾는 법이다. 그것이 없거나, 혹은 있더라도 다른 여러 가지 표지판에 파묻혀서 보이지 않는다면, 아무런 도움도 되지 않을 것이다.

우리 회사의 표지판은 달라스 포트 워스 공항의 오리지널 표지판을 작성한 크리스 로다머(Kris Rodamer)에 의해서 만들어졌다. 소문자 쪽이 읽기 쉽다는 크리스의 의견에 따라, 표지판의 글자는 모두 소문자로 하고, 또한 문 너머에 무엇이 있는지 금세 알 수 있도록 출입구에 반드시 표지판을 붙인 것도 크리스한테서 배운 것이다.

표지판은 그 비즈니스의 가치관에 대해 간접적으로 전달하는 수단이다. 이것은 틀림없는 것이니까, 정확한 것을 붙여야 한다.

옥외의 안내 표지판 서체도 옥내의 것과 같게 하면 보다 프로페셔널한 느낌이 들어서 보기가 좋다. 사소한 일이지만 이것은 우리 회사의 세부에 걸친 배려를 나타내주는 표현 수단이 된다. 하느님조차 신경을 쓰지 않는 세밀한 곳까지 고객은 신경을 쓰는 법이다.

앞에서 말한 것처럼, 우리 회사의 딜러에서는 점포 내에 바로 '금주의 스페셜'이라든가, '이익이 되는 융자는 바로 이것'이라든가 하는 커다랗게 쓴 요란한 선전 표지판은 붙어 있지 않다. 이와같은 선전 표지판은 회사가 지향하는 것에 반하기 때문이다. 우리 회사가 지향하는 것은 고객이 집에 있을 때처럼 편안히 있을 수 있는 분위기 조성인데, 보통 가정집에는 그런 선전 표지판이 없다. 물론 어떤 스페셜이 있는지 고객에게 알려줄 필요가 있지만, 구태여 그것을 창문에 지저분하게 붙여놓을 필요는 없다. 실제로 화장실이나 비상구의 위치를 가르쳐주는 조촐한 표지판은 제외하고, 사무실에 표지판이 필요한 이유를 나는 생각해낼 수가 없다.

표지판이란 그 회사나 점포에 관한 것, 그리고 게시한 사람의 사고 프로세스, 취향, 인생에 대한 태도, 그외에도 인품이나 관여하고 있는 비즈니스 등을 얘기해주는 것이다. 만일 그것이 종종 잡다한 서체와 색깔로 사방팔방에 외쳐대듯이 붙어 있다면, 고객은 마치 동물원이나 서커스 구경이라도 와있는 듯한 느낌을 받게 되어서, 이 회사에서 비즈니스가 제대로 운영되고 있다고는 생각하지 않을 것이다.

체크리스트

✔ 이 표지판은 정말로 필요한가? 점포 안을 돌아다니면서 표지판 하나하나를 체크해 보라. 아마도 많은 것이 불필요하다는 것을 깨닫게 될 것이다. 이미 골동품이 된 것이 있다면 그것을 단호하게 떼내어 고물상에 팔아버려야 한다.

✔ 통일감은 고급스러운 느낌을 준다. 지금 사용하는 표지판의 문자가 모두 같은 사이즈와 같은 서체로 통일되어 있는가를 확인하라. 사소한 일 같지만 그것으로 섬세한 배려가 고객에게 전해질 것이다.

✔ 표지판의 문자를 모두 대문자로 쓰지 말라. 어떤 장소에 쓰는 경우든 소문자 쪽이 훨씬 더 읽기가 쉽다(실험해보면 금세 알 수 있다).

CHAPTER 26

부하는 상사의 거울이다

부하라는 사람은 참으로 많은 시간을 소비하며 상사의 거동을 주시하게 되는 법이다. 만일 부하에게 직업윤리를 요구한다면, 상사 스스로가 그렇게 행동하지 않으면 안 된다. 고객이나 사원에 대해서는 물론이고, 세무서에 대해서까지 부정을 저지른다면, 직업윤리에 관한 강의를 아무리 듣더라도 부하는 그런 부정도 활개를 치며 통용될 수 있다고 생각하게 된다. 잘못하면 양식있는 부하들은 그런 칠칠지 못한 상사 밑에서는 일하지 않게 된다. 일단 상사가 인사치레로라도 정직하다고 말할 수 없는 사람이라는 것을 알게 되면, 부하는 떠나가버릴 것이다.

윤리적으로 행동하는 상사가 똑같은 윤리관을 가지고 일해줄 수 있는 부하를 어떻게 찾아낼 수 있을까? 자신의 윤리방침을 발표하면 될까? 채용조건으로 성서를 다시 읽을 것을 의무화하면 될까? 황금률에 관한 대중 대상의 퀴즈라도 내야 할까?

오랫동안 적절한 행동규범을 어떻게 설명하면 좋을까 하고 그 방법을 구하기 위해 안간힘을 써왔는데, 마침내 노력이 열매를 맺었다. 즉, 항상 자기 자신에게 다음과 같이 묻도록 종업원에게 말했던 것이다.

"나의 행동이 내일 지방신문에 톱기사로 실린다면, 어떤 식으로 보도가 될까?"

만일 이렇게 묻는다면, 행동규범이 어떤 것인지 확실히 알 수 있게 될 것이다.

체크리스트

✔ 윤리에 반하는 행위에는 어떤 변명도 있을 수 없다는 것을 모두가 정확히 인식하라.

✔ 이야기하는 것만으로는 불충분하다. 윤리에 대해서 강의할 뿐만 아니라 부하에게도, 고객에 대해서도 몸으로 행동하여 입만으로 윤리를 부르짖는 것이 아니라는 것을 보여줘야 한다.

✔ 윤리규범을 깨뜨리는 사람에게 어떻게 대처할 것인가? 만일 작은 위반이라면 다시 한번 기회를 주라. 그러나 기회는 단 한번뿐이다. 만일 중대한 위반이라면 해고시키는 것 외에 달리 방법이 없다.

CHAPTER 27

꼭 필요한 옷을 입는 방법

그 방법은 다음과 같다.

체크리스트

✔ 옷을 적절하게 입고 있는지 어떻게 알 수 있는가? 그것은 간단하다. "지금 옷을 입고 있는 상태로 찍은 사진이 내일자 신문에 실리기를 원하는가?" 하고 자기 자신에게 물어보면 된다(윤리문제에 대하여 매우 효과적인 이런 질문은 여기서도 역시 완벽하게 유효하다).

만일 대답이 "노우"라면 당신은 옷을 잘못 입고 있는 것이다.

✔ 실제 체험에서 얻어진 규칙은 점잖게 입으라는 것이다. 만일 잘못 입으려면, 차라리 지나치게 점잖게 입는 쪽이 낫다. 당신이 최신 유행의 옷을 팔고 있지 않은 한, 당신이 '지나치게' 점잖게 입은 것에 의해서 모욕을 느낄 고객은 거의 없기 때문이다.

✔ 회사 제복은 좋은 아이디어이다. 그 제복이 당신의 비즈니스에 걸맞는 것이라면 말이다. 우리 회사의 모든 서비스 어드바이서는 감색 블레이저와 회색 바지, 그리고 넥타이를 착용하고 있다.

EIGHT

팔기 쉬운 상품을 개발하라

CHAPTER 28

조금씩 시도해 보라

포커스 그룹이 흥미를 느끼게 하는 아이디어를 시사해주거나, 자신이 재미있는 아이디어를 생각해내거나 했을 때에는 어떻게 할 것인가?

어쨌든 시도해 보아야 한다. 단 규모는 크게 하지 말라.

우리들은 사물을 지나치게 많이 생각하는 경향이 있다. 잘 될지 안 될지를 결정할 때까지 많은 조사를 한다. 그러나 고객의 소리에 귀를 기울이면 무엇이 그들의 취향인가를 느낄 수 있으니까 한정된 범위 내에서 그 아이디어를 실행해보고, 결과를 두고보는 것이 어떨까? 이것은 쓰리 엠(3M) 사로부터 배운 것으로, 신제품에 관한 그 회사의 어프로치 방법이다. 쓰리 엠 사에서는 누군가가, 예를 들어 포스트 잇과 같은 새로운 아이디어를 생각해내면, 한정 샘플을 만들어서 테스트한다. 그리고 좋은 결과가 나왔을 때만 증산한다. 3M 사는 이런 방식으로 성공하고 있으며, 우리 회사에 대해서도 같은 말을 할 수 있다.

내가 좋아하는 실례가 톰 피터스의 저서인 『우량 기업』(Passion for Excellence)에 소개되어 있나. 이것은 저자의 이웃집 술가게 얘기인데, 그곳의 경리직원은 정말로 솜씨가 형편없어서 잠깐 사이에 계산대에 손님의 기다란 행렬이 생긴다. 줄이 길어지면 길어질수록 손님은 짜증을 낸다. 지불이 겨우 끝난 손님에게 이 경리직원은 기다리게 한 것을 사과하고, 사과표시로 캔디를 몇 개인가 술이 든 봉지 안에 던져 넣는다. 그것이 그가 진심으로 미안하게 생각한다는 것을 나타낸다.

우리 회사에서는 그 아이디어가 마음에 들어 당장 캔디를 사들여 지불 계산대에서 손님에게 건네주기로 했다. 이것에 대하여 고객들이 대단히 호평을 했기 때문에 그 이래 줄곧 계속해오고 있다.

바로 그 뒤의 일이었는데, 매치박스 사로부터 캐딜락 알란테의 미니쳐를 사들여 부모와 함께 쇼룸에 찾아온 아이들에게 나눠주었다. 아이들의 웃는 얼굴, 그리고 부모들의 웃는 얼굴이 이것이 좋은 아이디어라는 것을 얘기해 주었다. 어린이와 개를 좋아하는 사람 중에는 악인이 없다고 하니까 말이다. 캔디도 미니쳐의 아이디어도 시도하는 데 그다지 코스트가 들어가지 않았다. 그것이 성공해서 계속해 나가고 있다.

성공할지 어떨지 시도해보고 싶은데 상당한 코스트가 들어가는 경우에는, 우선 기간을 일 개월이라고 미리 공표하고 해보도록 하라. 이 정도라면 설사 평이 좋지 않더라도 지출을 소액으로 억누를 수가 있다. 만일 호평이라면 다음달부터 본격적으로 시행하면 된다.

무료 대차의 제공 등 상당한 예산이 필요한 경우에는 우선 '1개월간의 스페셜'로 발표하고, '얼마간 시도해' 본다. 예를 들어, 우리 회사에서 무료 대차 프로그램을 시작했을 때 257대나 되는 대차는 갖고 있지 않았다. 이 아이디어를 테스트하기 위해서 우선 5대를 구입하고, 10월

중에 차를 가져다준 고객에게만 무료로 대차를 제공한다고 발표하고, 고객의 반응을 기다렸다. 고객들로부터 호평을 받았고, 수요의 증가에 따라 대차를 늘려나갔다. 현재는 그것이 257대가 되었다.

그러나 만일 평이 좋지 않으면, 또는 어떤 이유로 잘 되지 않으면 그때 끝을 낸다. 최초부터 이것은 기간 한정이라고 발표해 두었으니까 그래도 된다.

또 1개월 동안 고객의 반응을 확실히 파악할 수 없으면 '스페셜'을 다시 한 달 동안 연장한다. 2개월이 지나서도 아직 불확실하다면 거기서 중단해야 한다.

이 '천천히 진행하는' 어프로치를 배울 때까지는 꽤나 고생을 했다. 언젠가 하나의 아이디어가 떠올랐는데, 나 자신도 정말로 기가 막힌 생각이라고 감탄했다. 이것이야말로 〈링컨〉의 고객을 〈캐딜락〉으로 바꿔 타게 만드는 방법이라고 해서 "달라스의 링컨 고객 전원에게 오일 교환, 주유, 세차 무료 서비스, 그리고 서비스 작업일에는 무료로 캐딜락을 하루 동안 빌려드립니다." 라는 다이렉트 메일(DM)을 보냈다. 나는 이것을 깜짝 놀랄 만한 좋은 아이디어라고 생각했다. 하루쯤 캐딜락을 타고다니다 보면 캐딜락을 사랑하게 되어 우리 회사에서 구입해갈 것이라고 생각했던 것이다.

1만5천 통이나 보낸 편지들 가운데 회답은 단 두 통뿐이었다. 왜 그런지 지금까지도 전혀 알 수가 없다. 추측해보건대, 무료로 오일 교환을 하기 위해 일부러 찾아오기에는 시간이 아깝다고 생각했는지도 모른다. 그러나 어쨌든 거기서 한 가지 배웠다. 절대로 이와같은 커다란 규모로 아이디어를 테스트해서는 안 된다는 것을 말이다. 비싼 수업료를 지불한 셈이다.

또 다시 이와같은 테스트를 한다면 2백 통부터 시작하려고 생각한다. 좋은 반응이 있으면 1만5천 통으로 늘리겠지만, 절대로 최초부터 1만5천 통을 보내거나 하지는 않겠다.

'조금씩 시도해 본다'는 것은 우리 회사의 상품에도 통하는 것이다. 1989년에 캐딜락은 대단히 값이 비싼 〈플리트우드 60 스페셜〉을 만들었는데, 우리 회사의 세일즈 매니저는 이 차의 재고를 갖는 것을 싫어했다. 그런 값비싼 자동차를 사는 사람은 없다고 생각한 것이다. 그러나 나는 어쩌면 팔릴지도 모른다고 생각했기 때문에 한 대쯤은 주문해서 놓아두고 싶었다. 어떤 자동차보다도 훌륭하고, 어떤 차보다도 값이 비싼 것을 갖고 싶어하는 사람이 반드시 있는 법이다. 그래서 나 자신은 그런 비싼 차를 계속 운전하고 다닐 생각은 털끝만치도 없었으나, 나를 위해서 한 대 주문해 달라고 부탁했다. 생각했던 대로 거리를 드라이브하고 있을 때, 앨런 케스트롬(Allen Questrom : 당시 그는 '니만 마커스' 사의 회장. 현재는 '페더레이티드' 사의 사장이다.)이 그것을 보고 한 대 주문해 왔다. 케스트롬과 같은 취향의 소유자가 산다면 좀더 팔릴 것 같았다. 이것은 가능성이 있다고 생각했다. 결국 그 해에 25대 이상을 팔았다.

무엇이든간에 단지 고객이 좋아하는지 어떤지를 알아보기 위해서 약간 시험을 해볼 필요가 있다. 만약 잘 되지 않더라도 그다지 과녁이 빗나간 것은 아니다.

때로는 일단 받아들인 아이디어가 잘 되고 있는가 하는 체크를 잊어버릴 때가 있다. 이전에 신차 한 대당 8회의 무료 오일교환권을 붙여준 적이 있었는데, 이것은 10년 이상이나 계속되었다. 자동차를 사준 것에 대한 감사의 마음을 나타내는 것도 되기 때문에 이치에 닿는 것처럼 생각되었다.

그러나 1987년의 불황으로 경비절감에 대해 고심할 때, 무료 오일교환을 그만두는 것이 어떤가 하는 의견이 나왔다.

여기에 대해서 "만일 손님이 기분나쁘게 생각하면 어떻게 하겠는가?" 하는 우려의 소리도 있었다.

그래서 우선 2, 3개월 그만둬 보고, 만일 고객이 그 무료 서비스가 없다고 섭섭하게 생각할 때에는 사과를 하고 재개하기로 결정했다.

쿠폰을 보내는 것을 중단하고 난 다음, 어떤 일이 일어났는지 아는가? 전혀 아무 일도 일어나지 않았다. 누구 한 사람 "내 무료 오일교환권은 어떻게 되었는가?" 하고 물어오지 않았다.

이것에는 놀랐다. 그러니까 이 무료 서비스는 고객에게는 대단한 일이 아니었던 것이다. 그후에도 서비스를 받으러 왔는가? 물론이다. 보통은 다른 서비스의 일환이었지만, 하루에 30대~40대가 오일 교환을 했다. 정말로 쿠폰은 고객에게 대단한 의미가 없었던 것이다. 만일 이처럼 '조금씩 시도해 본다'는 것을 반대의 형태로 실행해보지 않았다면 틀림없이 지금도 이 사실을 모르고 있었을 것이다. 물론 우리 회사는 지금 무료 오일교환 서비스를 하지 않는다.

이러한 경험을 한 결과, 만일 실행하고 있는 프로그램의 가치에 의심이 가면 우선 잠시 동안 그것을 그만둬 보고, 반응을 살펴보기로 했다.

그런데 언젠가 재미있는 일이 있었다. 올즈모빌의 고객 2백 명에게 우리 회사의 서비스를 받도록 해보려고 무료 오일교환권을 보냈을 때의 일이다.

"공짜 표로 무엇을 낚으려고 하는가? 무료로 오일교환을 하려면 무엇을 사야 하지 않느냐?" 하는 전화가 많이 걸려왔다.

"전혀 아무것도 살 필요가 없습니다."

"정말이오? 무엇을 산다든가, 뭔가 하지 않아도 괜찮습니까?"

"정말로 괜찮습니다."

어쨌든 사람들은 무료 점심식사라든가, 무료 오일교환 같은 것이 있으리라고는 믿을 수 없는 것 같았다.

체크리스트

✔ 아이디어를 시도해 보려면 큰 돈을 쓰기 전에 우선 작은 규모로 해보고, 반응을 살펴보라. 이 사고방식은 상품, 서비스의 판매촉진은 물론이고, 대금의 지불 플랜에 대해서도 똑같이 유효하다.

✔ 리스크를 최소화하기 위해서 가능한 것은 무엇이든 다 시행하라. 테스트 비용이 많이 들 것 같으면, 우선 '기간 한정'이라고 공표하고 시작하라. 예를 들면, 이 프로그램은 1개월 한이라고 말하고 시도해 본다. 반드시 정규 판촉 프로그램처럼 전면적으로 자금준비 등을 할 필요는 없다. 한정 기간이 끝난 시점에서 그 프로그램을 계속해야 하는가 그만두어야 하는가가 밝혀질 것이다.

✔ 현재 고객에게 중요한 것은 무엇인가? 5년 전에 호평을 받았다고 해서 변함없이 호평을 얻고 있다는 보증은 없다. 현재 제공하고 있는 서비스를 일정기간 동안 그만둬 보고, 고객이 그것을 신경쓰는가를 살펴보라. 만일 평이 나쁘면 사과하고 이전으로 되돌아간다. 만일 아무도 신경을 쓰지 않는다면, 얼마간이라도 경비를 절약하게 되니까 말이다.

CHAPTER 29

나쁜 상품을 팔고 있다면 훌륭한 고객 응대도 효과가 없다

금세 소모되거나 부서지는 것같은 조악품을 팔고 있으면, 아무리 열심히 장사를 해도 고객 응대가 좋다는 평가를 받을 수 없다. 설사 아무리 훌륭한, 최고라고 할 수 있는 고객 응대 시스템을 채용한다 해도 이것은 구제할 길이 없다. 고객은 그런 상품으로는 만족할 수 없기 때문이다.

그래서 자신이 팔고 있는 상품에 품질향상, 혹은 고객의 요구에 대한 보다 좋은 응대를 위한 조정 등 개선의 여지가 있다고 생각한다면 메이커에게 그것을 전달하지 않으면 안 된다.

놀랄 것도 없지만, 이것은 간단한 일은 아니다. 메이커는 시장을 상당히 잘 알고 있다고 생각하며, 게다가 인간은 누구나 타인으로부터 "너는 좀더 좋은 작업을 할 수 있을 것이다."라고 지적받고 싶지는 않은 법이다.

판매점의 소리에 귀를 기울이게 하기 위해서는 판매점이 문제를 정확하게 파악하고 있다는 것을 보여주고, 메이커에게 신용할 수 있는 상대자로 인정을 받지 않으면 안 된다. 그렇지 않으면 "그렇게 머리가 좋다면 왜 우리 상품을 팔 수가 없는 거지?"라고 말할 것이다.

신용할 수 있는 상대자로 인정을 받는 것은 일조일석에 이뤄지는 일은 아니다. 계약하고서 불과 30일이 된 메이커에 대해서 강력한 관계나 영향력을 행사하려고 해도 그것은 무리한 얘기다. 메이커의 신뢰를 획득하는 데는 시간이 걸린다. 입증하지 않으면 안 될 일이 많기 때문이다.

예를 들면, 우선 자신이 유능한 판매점, 그러니까 그 메이커의 상품에 대해서 판매력이 있다는 점을 입증하지 않으면 안 된다. 그것은 이쪽의 신용을 절대적인 것으로 만든다. 실제로 나의 신용도는 시보레보다 캐딜락 쪽이 훨씬 더 높다. 그것은 캐딜락 쪽을 훨씬 많이 팔고 있기 때문이다.

그러나 이 신용도는 판매업적만이 문제가 되는 것은 아니다.

첫째로, 그 상품을 잘 알고 있지 않으면 안 된다. 이러한 것을 할 수 있도록 상품을 이렇게 바꿔야 한다고 메이커에게 말했을 때, 이미 그런 것은 할 수 있도록 만들어졌다는 말을 들었을 때만큼 신용이 땅에 떨어지는 일은 없는 것이다.

둘째로, 시장성과 경합상품의 실상을 잘 알고 있어야 한다.

셋째로, 상품의 개발 프로세스를 알아야 한다. 예를 들면, 전혀 새로운 자동차의 디자인에는 4, 5년이 걸린다. 렉서스 LS400에서는 7년이 걸렸다. 1개월 혹은 1년 후에 신형차가 필요하다는 식의 무모한 요청을 하기 전에, 이러한 사실을 알고 있어야 한다.

끝으로, 메이커와 얘기하려면 메이커 용어를 쓰지 않으면 안 된다. 이것은 중요하다. 똑같은 사항의 것을 딜러와 메이커가 각기 다른 이름으로 부르는 경우가 있다. 자동차의 경우에는, 디자인 관계와 엔지니어링 관계 사이에서도 차이가 있다. 디자이너는 제품의 외관이 어떻게 보이는가를 결정하는 것이며, 엔지니어는 그것이 어떻게 작동하는가에 대한 책임을 진다. 그것은 빌딩을 짓는 것과 같다. 건축가와 구조설계 엔지니어가 있는데, 자동차 디자이너는 바로 건축가인 것이다.

또 제조부문의 스탭은 엔지니어와도 디자이너와도 다르다. 그 3자가 자동차를 만드는 것이다. 메이커의 주의를 끌고 싶으면, 그 3자가 각각 어떤 일을 하고 있는가를 알아두지 않으면 안 된다.

상품의 문제점을 확실하게 파악했고, 자기 자신의 비즈니스와 같은 정도로 메이커의 비즈니스와 그 문제점에도 통달했다는 것을 메이커에게 입증하지 않는한, 아무리 뛰어난 아이디어라도 메이커는 소매점의 의견에 귀를 기울이지 않을 것이다.

판매점이 고객과 가장 가깝다. 이것이 메이커가 소매점의 의견에 귀를 기울이는 이유이다. 내가 말하는 것은 좀 우습지만, 이것이 캐딜락이 성공해온 비결이다. 존 그레텐버거(John Grettenberger)는 5년 전 캐딜락의 총지배인이 되었을 때, 제품개발 프로세스에 딜러를 참가시키기로 결정했다.

존 그레텐버거 총지배인의 요청에 의해서 엔지니어, 디자이너, 제조부문의 스탭, 그리고 딜러 4자로 이루어진 그룹이 한 방에 3일간 소집되었다. 이렇게 해서 캐딜락은 처음으로 유익한 의견과 정보교환의 장을 얻게 되었던 것이다. 그 결과, 이제 딜러는 캐딜락에서 어떻게 일이 진행되고, 또한 개선의 필요성에 대해서도 어떻게 충고하면 되는가를 이해하게 되었다. 또 제조부문의 스탭도 엔지니어도, 우리들 딜러의 생각에 대해 이해를 깊이 했을 것이라고 생각한다.

그 자리에서 엔지니어는 엘도라도와 세빌의 최신 모델의 서스펜숀, 브레이크를 비롯해서 기술면 전반이 그야말로 광고하고 있는 것처럼 '월드 클라스'라는 것을 설명하고, 그토록 고급스러운 자동차인데 왜 좀더 팔리지 않느냐고 그 이유를 물었다.

여기에 대한 우리들 딜러의 대답은 차내 공간이 충분하지 않고, 혹은 캐딜락을 좀더 뚜렷하게 특징짓는 것이 뭔가 필요하다고 생각하는 고객이 많기 때문이라는 것이었다. 그 이유에 대해서는 그뒤 확인을 하기 위해 마케팅 리서치가 행해지고(딜러의 의견이 항상 옳은 것은 아니니까), 그 결과 이 자동차는 현재 디자인에 대한 재검토를 하고 있다. 이와같이 캐딜락에서는 기술면의 뛰어난 점은 그대로 놓아두고, 부분적으로 개량을 가하는 동시에 고객의 요청에 따르려는 것이다.

1992년형 엘도라도와 세빌은 존 그레텐버거 총지배인이 도입한, 앞에서 말한 바와 같은 미팅 시스템에서 태어난 최초의 차인데, 매우 인상적인 자동차가 될 것이다(최신형인 32밸브, 듀얼 오버헤드와 캄 엔진이 탑재되어 있다는 것을 알면, 자동차 애호가는 미칠 듯이 좋아할 것이다).

메이커의 기획 프로세스에 고객의 입장인 딜러를 참가시키는 것의 또 하나의 이점은, 내부 직원이 벌을 받거나 파면당할까봐 두려워서 주저하는 일이라도 딜러라면 말할 수 있다는 점이다. 공장 사람들이 찾아와서 "만일 우리들이 이렇게 하면 결과는 이렇게 되어 버리겠지만, 딜러인 당신이 말해주면 상사가 귀를 기울여줄지도 모릅니다. 게다가 당신은 그런 제안을 했다고 해서 쫓겨나지는 않을 테니까요."하고 말한 적도 있었다.

모두를 한자리에 모아놓고 얘기를 나누게 한다는 존 그레텐버거 총지배인의 아이디어로 캐딜락의 최고 경영진이 딜러의 쇼룸을 방문해서 고객과 얘기를 나누는 프로그램이 생겨났다. 이것으로 메이커의 톱도 자사 상품의 세일즈 현장에서 무엇이 일어나고 있는가를 파악할 수 있게 되었다. 존 총지배인은 캐딜락의 역사상 최초의 커뮤니케이션 파이프를 만든 것이다.

아마도 옛날에는 전원을 참가시킬 필요가 없었을 것이다. 그러나 현재는 다르다. 지금은 어떤 시장이든간에 경쟁이 대단히 치열하다. 딜러는 고객이 구하는 것을 정확히 파악하기 위해 고객과의 거리를 넓게 벌려서는 안 된다. 요컨대, 고객과 관련된 모든 사람을 기획 프로세스에 참가시키지 않으면 안 된다.

메이커에 제의한 아이디어를 반드시 실행으로 옮기게 하는 가장 쉬운 방법은 간단하게 성공할 수 있는 것, 즉 그다지 노력하지 않고 커다란 보수를 약속하는 아이디어의 제안부터 시작하는 것이다.

예를 들면, 알란테가 처음으로 발매되었을 때 고객의 평판은 대단히 좋았으나 다만 색깔에 대해서는 적색이나 검은색도 있었으면 좋을 텐데 하는 소리가 끊이지 않아서, 딜러는 그것을 캐딜락 본사측에 전달했다.

색깔을 추가한다는 것은 그다지 어려운 일이 아니며, 자금도 많이 들어가지 않는다. 캐딜락은 딜러의 의견을 받아들여서 색깔을 추가했다. 지금은 매상의 절반이 적색이나 검은색 중 어느 쪽이다.

이런 형편이니까 딜러는 우선 메이커가 받아들이기 쉬운 의견부터 시작해서 신용조성을 해야 한다. 그 다음부터는 문제의 소재를 정확히 파악하고 의견을 말한다는 것을 메이커가 알게 되면, 가령 엔진의 마력을 두 배로 한다든가, 캐딜락을 F_1 그랑프리에 출전시키는 것이 어떤가라든가, 좀더 규모가 큰 아이디어의 제안도 할 수 있게 된다.

그러나 실현이 용이한 것이든 규모가 큰 것이든 제안은 언제나 정중하게, 그리고 언제나 메이커의 입장에 서서 해야 한다. 존 소웰은 이것을 '상대방의 관점'(You Viewpoint)이라고 명명했는데, 참으로 딱 들어맞는 표현이다. 새로운 것은 아니지만 역시 뛰어난 사고방식이다.

뭔가 아이디어를 제안하더라도 메이커에게 도움이 되느냐가 문제이며, 메이커에 이익이 된다면 쉽게 받아들여진다. 득이 안 되는 일을 남이 하기를 기대한다는 것은 어리석기 짝이 없는 일이다.

"이런 아이디어라면 좀더 많이 자동차가 팔릴 것입니다. 피차 이익 아닙니까? 시험해보면 어떻습니까? 나는 잘 될 것 같은데요."하는 식으로 메이커에게 제안하는 것이다.

그러나 딜러는 사실에 바탕을 두지 않은 의견을 말해서는 안 된다. 고객이 정말로 적색과 검은색 자동차를 원한다는 것이 사실이 아니어서는 안 된다. 딜러가 제안한 의견에 대한 정당성의 뒷받침이 있으면 메이커는 계속 귀를 기울이겠지만, 만일 잘못이라는 것을 알게 되면, 더구나 그것이 딜러의 최초이거나 기껏해야 두번째 제안이었다고 한다면, 더이상 귀를 기울이지 않게 되어버린다.

그렇다면, 어떤 제안을 할 것인가를 어떻게 정하는가? 그것은 간단하다. 고객의 소리를 듣는 것이다. 우리들 딜러는 고객과 직접 얘기를 하고, 고객의 가장 가까운 곳에서 활동하는 세일즈맨과도 상당한 시간을 보내고 있다. 또 우리 회사에서는 이전에 거래를 해준 고객과도 계속 인연을 끊지 않기 때문에 그 의견도 듣고 있다. 캐딜락이나 렉서스 대신에 왜 메르세데스를 샀는지도 들을 수 있는 것이다.

그러면, 정보를 손에 넣은 다음에는 이것을 메이커의 누구에게 전할 것인가? 적절한 사람을 찾아내지 않으면 안 된다. 이것은 중요한 일이다. 공장에 적절한 사람이 있으면 그것도 좋다. 만일 없다면 누군가 다른 사람을 찾게 되는데, 그것은 부문 책임자는 아닐 것이다. 두 등급 정도 밑의 사람인지도 모르고, 한창 출세 계단을 올라가고 있는 중이고, 사내의 다른 직원과 차이를 벌리려고 생각하는 사람을 찾게 되는 경우도 있을 것이다. 이런 사람은 딜러의 아이디어가 출세에 도움이 될지도 모르기 때문이다.

가장 간단하게 적절한 사람을 찾아내려면, 흔히 워싱턴에서 말하는 것처럼 관측기구를 띄워보면 된다. 기구를 붙잡은 사람이 "마음에 든다."고 말하면, 그 사람이 아이디어를 회사 내에서 지지해주는 사람인 것이다.

그러나 사실에 바탕을 두지 않은 아이디어라면 어떻게 해볼 도리가 없다. 첫째도 신용이고, 둘째도 신용이다. 메이커에게 신용을 받지 않으면 안 된다. 딜러가 말하는 것이 옳다고 100퍼센트 확신하게 하지 않으면 안 되는 것이다. 특별히 적색과 검은색 자동차를 추가해 달라는 사람을 9천 명 모아서 조사할 필요가 있다는 것은 아니고, 90명이라도 좋을지 모른다. 어쨌든 메이커를 납득시킬 수 있는 정보를 얻어내지 않으면 안 된다. 딜러는 자신의 아이디어를 메이커에게 세일즈하는 셈이며, 그 프로세스는 고객에게 상품을 파는 것과 조금도 다를 바가 없다고 할 수 있다.

아이디어는 하룻밤 사이에 팔 수 있는 것이 아니다. 잊지 말아야 할 사실은 신용을 쌓는 일로, 그것은 시간을 들였을 때 비로소 달성할 수 있는 일이다. 왜냐하면, 메이커에서는 "이 딜러는 취급 상품의 제조자인 우리들에 대해서 정말로 자기 일처럼 생각할까? 아니면 인기있는 상품을 얼마간 팔다가 인기가 떨어지면 곧장 다른 상품으로 옮겨가버리는 변덕 심한 기회주의자는 아닐까?" 하고 품평을 하기 때문이다.

　메이커가 결정을 내릴 때까지도 시계바늘은 움직이고 있다. 이것은 피할 수 없는 일이다. 단기적으로 보면, 메이커에 제안하는 것 따위는 생각하지 말고, 자기가 가지고 있는 상품의 매상을 늘리기 위해 그 시간을 쓰면 다소 이익은 불어나겠지만 장기적으로 보면 현행상품보다 좋은 상품, 즉 고객이 좀더 원하는 상품을 메이커가 만들 수 있도록 도와준다면, 더 많은 이익을 올릴 수가 있을 것이다. 고객 서비스는 마라톤이지 단거리 경주가 아니니까, 이와같은 어프로치 쪽이 훨씬 더 이치에 합당한 것이다.

체크리스트

✔ 딜러의 소리에도 쉽게 귀를 기울일 수 있는 환경조성에 힘쓰라. 대개의 메이커는 자신들이 시장을 잘 이해한다고 생각하므로, 개선의 여지가 있다는 의견을 들을 생각은 애당초 없다. 메이커에게 귀를 기울이게 하려면, 딜러는 상품상의 문제에 대해 자기 일처럼 충분히 이해하고, 우려하는 것을 메이커가 납득이 가도록 설명해주어야 한다.

✔ 신용을 쌓아올리라. 성급하게 행동해서는 안 된다. 만일 이쪽의 제안을 실행하기를 원한다면, 올바른 사실에 의거한 제안이 아니면 안 된다. 추측이나 예측으로 움직이는 것은 금물이다. 자신의 논점을 뒷받침하는 데이터를 찾아내기 위해 충분한 시간과 자금을 사용해서 문제에 매달려 있다는 것을 메이커에게 보여주어야 한다.

✔ 시작은 간단한 것부터 하라. 최초에는 비용이 그다지 많이 들지 않고, 더구나 즉각 성과가 오르는 것을 제안한다. 메이커에게 제조라인 전체의 재검토 필요성과 같은 커다란 문제를 제의하기 전에, 작은 문제로 득점을 쌓아나가야 한다.

✔ 인간사회에서 이상적인 관계는 좋은 포도주와 같다. 즉 세월을 두고 만들어나가야 하는 것이다. 메이커와 이와같은 사이가 되기까지는 많은 시간이 걸리는 법이다. 서둘러서는 안 된다. 따라서 기적을 기대하지 말라.

NINE

타인의 아이디어를 점차로 받아들여라

CHAPTER 30

개량하면 되는데 왜 처음부터 다시 시작하는가?

새로운 것을 시도해볼 때는, 이미 시도해본 사람은 어떻게 했을까 하고 조사하며 돌아다녀야 한다. 최선의 방법을 이미 발견한 사람이 있는데도 자신이 다시 한번 처음부터 고쳐 생각해볼 것인가?

다른 사람이 하고 있는 방법을 배우고, 자신의 경우에 맞춰서 조정하는 쪽이 이치에 맞는다.

여기서 우리 회사가 행한 예를 소개해보기로 하겠다. 카 딜러에 대해서 내가 싫어하는 것 중 하나는 누군가 사람을 찾을 때 언제나 확성기로 부른다는 점이다. 시끄럽고, 첫째 프로가 할 짓이 아니다. 그러나 나도 우연히 피자 하우스에 들어갈 때까지는 이것을 어떻게 해야 할지 알 수 없었다.

아이들을 〈처크 E. 치즈〉에 데려간 적이 있다. 이 피자 체인점에는 노래하거나 춤을 추는 봉제동물, 탈것, 비디오 게임기 등이 있기 때문에 카운터에 가서 주문한 다음 음식이 나올 때까지 인형 쇼를 본다든가, 아이를 탈것에 태우든가 하면서 기다리면 된다.

'살아있는 것처럼 움직이는' 동물들이나 게임하는 소리, 아이들의 외치는 소리와 같은 소음 속에서 "주문한 음식 나왔습니다!" 하고 카운터에서 큰 소리로 외쳐야 들릴 리가 없다.

그래서 이 점포에서는 손님이 주문하면 번호표를 건네준다. 그리고 주문한 것이 나올 때마다 깨끗한 음색의 차임벨이 울린다. 이것은 점포 여기저기에 있는 TV 모니터를 보라는 사인으로, 그 모니터에 완성된 음식의 주문번호가 나타나도록 되어 있다.

이 시스템은 굉장한 성공을 거두고 있다. 누구도 큰 소리를 지를 필요가 없고, 손님측은 우왕좌왕하며 헛되이 시간을 낭비하면서 음식이 나오기를 기다릴 필요가 없다.

나는 이것을 멋진 아이디어라고 생각했다. 그래서 즉각 이 아이디어를 빌리기로 하고, 자동차의 경우에 맞춰서 약간 수정해서 실행하기로 했다.

그때까지 우리 회사에서는 고객이 요금을 지불할 단계가 되면 경리 직원은 마이크를 잡고 "473번 차를 부탁합니다!"라고 말한다. 그러면 그 방송을 듣고 서비스 담당자가 주차장에서 차를 찾아내 고객 앞까지 몰고오는 방식이었다.

그러나 이 시스템은 그다지 잘되지 않았다. 우선 방송이 하루종일 큰 소리로 외쳐댄다. 둘째로, 담당자가 반드시 그 방송을 듣고 있다는 보장이 없다. 창문을 닫은 자동차 안에 있을지도 모르고, 전화중이거나 고객과 면담을 하고 있을지도 모른다. 실제로 차를 몰고 와서야 비로소 방송이 통했다는 것을 알 수 있는 형편이었다. 만일 차가 나오지 않으면 손님은 한없이 기다리게 된다. 그리고 마지막에는 불평을 하게 된다. 불평이 나오면 다시 방송을 하고, 같은 일이 되풀이된다.

이래서는 고객 서비스라고 하기에 민망한 상태이다.

238

처크 E. 치즈 덕택에 오늘날에는 요금을 지불할 때 경리직원이 컴퓨터에 필요한 정보를 집어넣고, 그것이 동시에 서비스 담당부의 모니터에 나타난다. 담당자가 그것을 보고 차를 가지러 가겠다는 대답을 컴퓨터에 입력하면, 그 대답은 경리직원에게 되보내진다. 대답이 없는 경우에는 뭔가 잘못이 있다는 것을 의미하기 때문에 다른 사람이 확인하러 가게 된다.

새로운 시스템에서는 확성기 방송이 없으며, 자동차가 나오는지 아닌지를 언제나 알 수 있다. 가장 중요한 것은, 고객에게 차를 가져다주는 데 걸리는 시간이 6분에서 2분으로 단축되었다는 점이다. 이러한 개선점은 모두 그날, 근처에 있는 피자 가게에 간 것으로부터 생겨났다.

기회있을 때마다 우리 회사에서는 타인의 아이디어를 빌린다. 그쪽이 훨씬 이치에 합당하기 때문이다. 누군가가 이미 실행하고 있는데, 일부러 새삼스럽게 자신이 해답을 내려고 할 필요가 있겠는가? 물론 경우에 따라서는 독창적인 방책을 스스로 생각해내고 싶을 때도 있지만, 그것은 상당히 드문 케이스이다.

대개의 경우, 해결책은 다른 곳에서 차용할 수 있다. 예를 들면, 매리오트 호텔의 빌 매리오트는 신속하고 효율성있게 방대한 수의 고객을 처리하는 시스템에 대해서 나보다 훨씬 더 많은 것을 알고 있다. 그렇다면 내가 그의 전문적인 지식과 경험을 참고로 한다고 해서 무엇이 나쁘단 말인가?

맥도널드 사나 아메리칸 항공사, 디즈니로부터 아이디어를 빌려서 자신의 사업에 응용해야 하지 않겠는가? 우리 회사는 지금까지 빈번하게 그렇게 해왔다(톰 피터스의 저서가 인기를 끄는 이유 중 하나가 바

로 여기에 있다. 그는 당대의 베스트 회사에 들어가는 기업이 어떤 식
으로 일을 처리하는가를 소개했기 때문이다).

우리 회사는 디즈니 월드와 같은 사고방식으로 시설운영을 한다고
앞에서 말했다. 또한 맥도널드 사의 레스토랑은 어떤 타일을 쓰고 있
는가를 조사하고, 그것을 전면적으로 우리 회사의 서비스 구역에서 쓰
고 있다. 맥도널드 사에서 이 타일이 사람들의 빈번한 왕래를 견뎌낼
수 있다면, 우리 회사의 서비스 부문에 사용해도 충분히 견뎌낼 것이
기 때문이다. 또 우리 회사의 세일즈 인센티브 프로그램은 앞에서 소
개한 것처럼, 아메리칸 항공사의 '빈번히 여행하는 사람들' 프로그램
을 모델로 한 것이다.

---

*만일 어딘가에서 하나의 아이디어가 성공하고 있다면, 다른 장소에
서도 성공할 확률이 상당히 높다고 할 수 있다. 인간은 어디에서나 별
로 다르지 않기 때문이다.*

아이디어의 차용이 대단히 효과적이라는 것을 알았기 때문에, 새로
운 아이디어를 찾기 위해 사원들을 시찰연수를 내보냈다. 보디 숍의
기술자는 캘리포니아에 가서 그곳에서 행해지는 수리방법을 시찰했
다. 부문 매니저는 유럽에서 최고라고 일컬어지는 보디 숍을 방문해
수리할 자동차에 매치하는 도료의 선택법 등을 시찰했다. 그 결과 지
금 도료는 시켄 표를, 도장 부스는 가마트 표를 사용하고 있다.

또한 라이벌 각사를 보고 돌아다니면, 다른 회사에서는 어떤 일을
하고 있는가를 알게 되어 대단히 좋은 참고가 된다. 일요일에 다른 회
사의 쇼룸을 한바퀴 돌면서 상품의 전시가 어떻게 되어 있는가를 본

다. 또 경쟁회사에 얼굴이 알려져 있지 않은 두세 사람에게 부탁해서 그 회사로부터 자동차를 사게 한 뒤 그곳에서 하는 고객에 대한 응대, 가격 등에서 우리 회사가 뭔가 배울 것이 있는가를 알아본다(이 프로그램의 결과로, 우리 회사에서는 고객에 대한 융자에 경쟁회사의 거래 은행인 체이스 맨하탄 은행을 이용하기로 했다. 그때까지 우리 회사가 이용하던 은행보다 훨씬 좋은 조건으로 융자해 준다는 것을 알았기 때문이다).

그밖에 레스토랑, 호텔, 유원지, 미술관 등 우리 회사의 비즈니스와 무관한 장소에 가는 일도 있다. 이러한 시설에서 행하는 고객에 대한 응대법을 비롯해서 유니폼, 조명, 음악 등은 어떤 것을 쓰고 있는가를 보기 위해서다.

이런 식으로 기회가 있으면 가능한 한 아이디어를 빌리려고 노력한다고 사람들에게 얘기하면, "달라스는 정말로 좋군요. 이곳 뉴욕의(혹은 시카고의, 샌프란시스코의) 내 고객은 다릅니다. 보나마나 우리 고장에서는 잘 먹혀들어가지 않을 것입니다." 하고 말하는 사람이 있다.

이럴 때는 "텍사스에서는 옛날부터 헛소리를 늘어놓지 말라고 했다구요." 하고 핀잔을 주라. "그것은 우리 고장에서는 잘 먹혀들어가지 않을 것입니다."라고 말하는 것을 듣는 것처럼 화나는 일은 없으니까 말이다.

우리 회사에는 아이디어를 빌려서 만들어낸 훌륭한 시스템이나 프로그램이 있는데, 그 차용처는 전국에 흩어져 있다. 달라스에서 성공한 아이디어는 모두 필라델피아, 뉴욕, 로스앤젤리스, 그밖의 어디에서도 성공하는 것이다. 뉴올리언즈에서도 성공했다.

뉴올리언즈는 달라스에 비해서 현격하게 어려운 곳이며, 우리 회사의 방식으로는 성공하지 못할 것이라고 말했다. 왜냐하면 뉴올리언즈 사람들은 좀더 요구가 많고, 돈에 짜기 때문이다. 그러나 뉴올리언즈에 있는 우리 회사의 캐딜락과 시보레 판매점은 대단히 잘 해나가고 있다. 어떤 고장이든간에 좋은 서비스는 환영받는 법이다.

최고로 훌륭한 고객 응대 시스템이라면 어디서든간에 잘 되어나가니까, 그것이 아직 없다면 이미 실행하고 있는 회사를 찾아내서 자신의 비즈니스에 응용해야 한다.

체크리스트

✔ 아이디어를 차용하라. 그쪽이 빠르다. 시간이 충분하다면 무슨 일이 든 스스로 생각해낼 수 있겠지만, 무엇 때문에 그런 시간을 낭비할 필요가 있겠는가? 지금까지 없었던 새로운 문제에 직면했을 때는 다른 사람들이 그것에 어떻게 대응해 왔는가, 주위를 둘러보아야 한다.

✔ 최고의 아이디어를 빌리도록 하라. 빌리려고 결정했다면 프로한테서 빌려라. 시설유지에 최고의 응대를 하는 것은 누구인가? 물론 디즈니이다. 구내가 어떻게 보여야 하는가를 검토했을 때, 모델로 고른 것이 디즈니였 다. 또 서비스 부문의 타일은 맥도널드 사와 같은 것으로 했다. 맥도널드 사에서는 이 타일을 결정하기까지 온갖 타일 메이커를 돌아다녀보았을 테 니까, 우리 회사에서 다시 한번 그것을 반복할 필요는 없는 것이다.

✔ 차용할 수 있는 아이디어를 적극적으로 찾아내라. 새로운 아이디어를 찾아내기 위해서 다른 회사로 시찰을 보내라. 인간은 자신의 비즈니스에 대해서 얘기하기를 좋아한다.

✔ 차용한 아이디어의 조정을 귀찮아하지 말라. 딜러 점포에는 디즈니 월드처럼 점포 한가운데에 모노레일이 달리고 있는 것도 아니고, 매리오 트 호텔처럼 점포에 수천 명의 손님이 매일 숙박하고, 7시에 깨워 달라고 말하는 것도 아니다. 그래도 우리 회사에서는 점포 내외의 청결함에 대해 서 디즈니의 아이디어를, 또 다수의 고객의 취급방법에 대해서는 매리오 트 호텔의 방식을 모델로 삼았다. 요는 아이디어를 차용하게 되면 자기 회 사의 상황에 걸맞도록 조정해야 되는 것이다.

CHAPTER 31

"모르는 것이란 아직 읽은 적이 없는 역사이다"

"모르는 것이란 아직 읽은 적이 없는 역사이다." 해리 트루먼(Harry Truman) 미국 대통령은 언젠가 이렇게 말한 적이 있다. 우리 회사의 컨설턴트인 스탠리 마커스(Stanley Marcus), 스티브 멀바니(Steve Mulvany), 톰 피터스가 대단히 귀중한 존재인 이유는 그러한 읽은 적이 없는 역사를 가르쳐주기 때문이다. 하긴 계통적으로 아이디어를 차용하지 않으면 안 될 때는 정식이든 비정식이든 컨설턴트를 활용한다. 컨설턴트는 우리들이 모르는 장소에 있었던 일도 있고, 우리들이 만난 일이 없는 성공한 인물들과 얘기를 나눈 경험을 가지고 있거나, 생각지도 못한 아이디어를 조언해주기 때문이다.

컨설턴트와 죽이 맞으면 그 컨설턴트를 계속 써나가는 경우가 많다. 오랫동안 함께 일을 하면 할수록 컨설턴트는 점점 더 이쪽의 비즈니스를 잘 이해하고, 점점 더 귀중한 존재가 된다.

피트 브래드쇼(Pete Bradshaw)와 처음 만난 것은 캐딜락의 후원에 의한 하버드 대학 세미나에서였다. 브래드쇼는 조직행동에 대해서 가르치고 있었으나, 판매·서비스·자동차 수리 등에 대해서는 거의 모른다고 해도 좋았다. 그러나 그뒤 브래드쇼는 우리 회사의 비즈니스에 대해서 배우고, 그 지식을 석유회사, 항공회사, 출판사 등에서 배운 컨설턴트 지식 위에 겹쳐 나갔다.

특히 브래드쇼가 가르쳐준 것은 자기 자신과 자신의 일에 충실감을 가지고 있으면 고객에 대해서 보다 좋은 응대를 할 수 있다는 것이었다. 브래드쇼는 이렇게 말한다.

"누구든지(당신이나 나, 모든 사람은) 진정으로 자기 본연의 자세를 정당화할 수 있는 사람은 타인의 요구나 요망에 대응할 여유가 있으나, 자신이 무능하다고 느끼거나 무가치하다고 생각하는 사람은 타인의 고민 등에 별로 신경을 쓰지 않는 법이다."

브래드쇼는 종업원이 자신은 회사를 성공시키는 데 중요한 존재라고 느끼는 환경조성이 비결이며, 자존심의 앙양에는 네 가지 요소가 있다고 말한다.

1. 달성감 : 각자의 업무성과가 명확하고 공평한 달성목표에 비춰서 객관적으로 평가되고, 그것이 직접 보상이나 승진으로 이어질 것.
2. 배려를 받고 있다는 감각 : 종업원에 대해서 존중과 배려가 뚜렷이 나타나는 직장 환경을 만들어줄 것.
3. 발언력 : 회사는 종업원과의 합의에 의한 기준과 가치관에 합치하는 한 개성과 자주성의 존중을 촉진하고, 각자의 업무를 추진하는 데 좋은 방법을 제안하기를 기대한다. 누구의 제안이든 모는 제안은 진지하게 검토할 것. 회사와 연대감을 갖는 종업원이라면 업무방식

에 대해 중대한 영향을 미칠 수가 있다.

4. 윤리관과 가치관 : 윤리기준은 명확하고 엄격하게 실시되고, 더구나 일관될 것. 종업원을 채용할 때에는 같은 가치관을 가진 인재를 찾아내는 데 모든 노력을 기울이고, 윤리기준을 위반한 사람은 해고할 것.

물론 우리 회사의 딜러 조직은 브래드쇼의 아이디어에 의거해서 만들어낸 것이다.

브래드쇼의 또 하나의 역할은 성당에서 참회를 들어주는 고백사제와 같은 역할이다. 매일 함께 일하는 사람들과는 얘기를 나눌 수 없는 경우가 있다. 가령 회사를 팔고 싶다든가, 오랫동안 함께 일해온 사람들을 해고하고 싶다든가, 혹은 새로운 경영간부를 영입하고 싶다는 등, 이런 종류의 사항은 회사 내의 스탭과 의논하는 것보다는 견식이 있고 또한 회사와 이해관계가 없는 제삼자에게 상담을 하는 편이 좋을 것이다.

나에 대해서 뿐만 아니라, 회사 내의 다른 사람에 대해서도 브래드쇼는 같은 역할을 수행하고 있다. "사실은 매니저와의 사이에 대단히 어려운 문제가 발생했습니다만." 하고 종업원이 의논해오면 차갑게 대하지 않고 문제해결의 길을 가르쳐준다. 그리고 매니저 전원이 모여서 각 딜러의 문제점이나 비즈니스 찬스에 대해 토의하는 연1회의 〈라운드 테이블 디스커션〉의 진행역을 맡는 것도 브래드쇼의 역할이다.

브래드쇼는 나의 고문으로서의 역할에 더해서, 이러한 모든 일들을 도와준다. 나는 언제나 브래드쇼의 조언을 채용하는 것은 아니지만, 채용하지 않는 경우라도 문제를 다른 각도에서 보도록 만들어주는 그의 능력은 귀중한 것이다.

"모르는 것은 아직 읽은 적이 없는 역사이다."라는 해리 트루먼 대통령의 말은 옳았다. 비즈니스를 성공으로 이끌어줄 누군가를 찾고 있으면, 경험이 풍부한 인물을 찾아내라. 틀림없이 당신이 필요로 하는 의견이나 통찰력을 갖고 있을 테니까 말이다.

또 다른 한 사람의 컨설턴트인 스탠리 마커스는 고객의 관점에서 사물을 볼 필요성에 대해서 우리들에게 얘기해주고 있다. 어떤 훌륭한 시스템을 채용하더라도, 고객에게 이익이 되지 않으면 아무런 의미도 없다는 것을 가르쳐준 것은 바로 그였다.

스탠리 마커스가 니먼 마커스 사의 회장직을 그만두었을 때, 나는 그를 컨설턴트로 맞아들이고 싶다고 제의했다. 그러자 스탠리는 미소를 지으면서 "나의 컨설턴트료는 너무 비싸서 당신네 회사로서는 무리일세." 하고 말했다. 그것은 사실이다. 그를 풀 타임 고문으로 고용할 여유는 없었다. 그래서 그는 한 달에 한 번 있는 오찬회에 참석하는 정도면 어떻겠느냐고 말하고, 우리 회사의 예산범위 내로 컨설턴트료를 깎아주었다. 이러한 경위로 시작된 스탠리 마커스와의 접촉은 그후에 매우 훌륭한 것으로 발전해왔던 것이다.

그의 경험에 의거한 조언은 대단히 훌륭한 것이었다. 스탠리 마커스는 소매업에 관해서는 누구도 대적할 수 없는 투시력을 지니고 있다. 그의 가르침 중 하나에 "고품질과 고가치는 곤란이 따르더라도 그것을 극복하면 항상 승리를 획득하게 된다."는 것이 있다. 최고의 상품을 제공하면 고객은 따라온다. 오랜 세월에 걸쳐서 최고의 자동차를 갖추고, 최고의 고객 서비스를 하고 있으면 고객은 반드시 알아준다. 선한 상인은 최종적으로 승자가 되는 것이다.

그리고 훌륭한 컨설턴트를 영입하면, 역시 최종적으로는 승리할 수 있는 것이다.

체크리스트

✔ 비즈니스를 움직이는 것은 바로 당신이다. 따라서 컨설턴트를 쓰는 것은 좋지만, 그 의견을 자기 의견의 대용으로 삼아서는 안 된다. 만일 자신이 본능적으로 옳다고 생각한다면, 그것은 99퍼센트 잘 될 것이라고 생각해도 좋다. 컨설턴트는 어디까지나 아이디어를 제공해주는 조언자로 활용하라.

✔ 경험은 좋은 교사가 된다. 컨설턴트나 자신의 비즈니스에 직언을 해주는 사람을 구하는 경우에는, 경험이 풍부하고 성공한 사람을 골라라. 그런 사람이라면 지금 당신이 고통받고 있는 문제에 대해서 아마도 이미 경험했든가, 혹은 해결한 길이 있을 것이기 때문이다.

✔ 컨설턴트와 좋은 인간관계를 쌓도록 하라. 일단 훌륭한 컨설턴트를 찾아내면 놓치지 않아야 한다. 훌륭한 컨설턴트는 세월을 거듭하며 함께 일을 하면 점점 더 좋은 컨설턴트가 된다. 경영자와 그 회사를 잘 알면 알수록 컨설턴트는 보다 많은 유익한 조언을 할 수 있게 되기 때문이다.

TEN

고객에 대한 메시지

CHAPTER 32

광고의 말투는 소프트하게, 그러나 메시지는 명확하게

우리 회사의 광고제작 목표는 두 가지이다. 모두 단순하고 명쾌한 것이다. 첫째로, 비즈니스의 방식을 올바르게 반영하는 것이어야 한다. 둘째로, 자신의 가족이나 친구에게 자랑스럽게 보일 수 있는 것이어야 한다.

바꿔 말하면, 우리 회사에서 행하는 모든 업무에 적합한 광고를 만들려는 것이다.

광고에서 우리 회사의 이념을 어떻게 표현할 것인가? 이것은 광고제작에 착수할 때 항상 의식하는 것이다. 달라스의 광고대리점인 퍼스카 · 기본, 앤드 채핀 사의 협력을 얻어 회사의 목표를 명확히 표명하는 다음과 같은 성명서를 만들었다.

"소웰 사의 딜러는 높은 견식과 성실함을 사풍으로 하고, 경합 타사와 비교해서 항상 최고의 고객 서비스를 제공하는 것을 영업의 기본으로 삼고 있습니다."

이것이 광고제작의 기반이 되었다. 광고에는 간단한 스토리를 쓰는 일도 많고, 라디오의 스파트 광고에서는 대부분의 경우 음악을 사용해서 광고의 톤을 조정한다.

그리고 언제나 특정한 내용을 메시지의 초점에 둔다. 이번 주는 이 것, 다음 주에는 저것 하는 식으로 강조점을 바꾸는 것은 광고를 보는 사람, 듣는 사람을 혼란시키기 때문이다.

이것이 어떤 의미인가는 다음에 열거하는 우리 회사의 라디오 스파트를 보면 분명해진다.

아나운서 : 소웰 빌리지 캐딜락 사가 스탠리 마커스 씨에게 서비스에 대한 얘기를 부탁드렸습니다.

마커스 : 서머셋 모옴은 "세상에는 재미있는 일이 있다. 최고의 것 외에는 일체 거부하면 최고의 것을 손에 넣는 경우가 흔히 있다."고 썼습니다만, 나는 장사꾼으로서 최고의 상품을 구하는 사람들은 최고의 서비스도 동시에 구한다는 것을 알았습니다. 어떤 점포에서 최고의 상품과 최고의 서비스를 찾아낸 사람은, 다른 점포에서 쇼핑을 한다는 것은 전혀 생각조차 하지 않을 것입니다.

아나운서 : 70년 이상이나 소웰 사는 최고의 자동차와 최고의 서비스를 구하는 손님들의 기대에 부응해 왔습니다. 보다 좋은 서비스를 명심해온 소웰 사는 남서부 최대의 캐딜락 딜러가 될 수 있었습니다. 소웰 사의 서비스 부문은 토요일도 종일 영업하고, 무료 대차 150대, 편리한 서비스 예약도 받고 있습니다. 그리고 또 한 가지, 특별히 말씀드리고 싶은 것은 소웰 사는 손님 한 분 한 분에 대한 세심한 서비스를 모토로 한다는 점입니다.

마커스 : 일단 뛰어난 고객 서비스 시스템을 확립하면, 그 점포는 고객에게 언제나 돌아갈 수 있는 안전한 항구가 될 것입니다.

아나운서 : 소웰 빌리지 캐딜락 사는 레몬 애버뉴와 유니버시티의 모퉁이에 있습니다.

음향효과 : 음악을 볼륨 업, 그리고 다운. 길거리의 소리, 옛날 자동차의 엔진소리와 경적소리.

아나운서 : 1911년. 스커트는 짧아지고, 가족은 가정으로 돌아가고, 미국은 새로운 발명품인 자동차와 사랑에 빠졌습니다. 이 좋은 기회를 맞아서 소웰 패밀리는 자동차 판매점을 시작한 것입니다. 이 사업은 하나의 단순한 신념을 기본으로 하고 있습니다. "자신이 이렇게 해주었으면 하는 방식으로 언제나 손님을 대하는 것"입니다. 오랜 세월에 걸쳐서 이 신념은 패밀리의 딜러 6개사에 계승되고, 전개되어나갈 것입니다.

음향 효과 : 길거리의 소리, 현대의 자동차 소리.

아나운서 : 1990년. 스커트는 짧아지고, 가족은 가정으로 돌아가고, 미국은 자동차를 사랑하고 있습니다. 소웰 패밀리의 각 딜러는 지금까지도 아직 하나의 단순한 신념을 기본으로 삼고 있습니다. "자신이 이렇게 해주었으면 하는 방식으로 언제나 손님을 대하는 것"입니다. 세상이 바뀌면 바뀔수록 소웰 패밀리는 옛날부터의 방식에 한층 더 집착할 것입니다. 소웰 빌리지 캐딜락 스털링, 소웰 올즈모빌, 소웰 뷰이크 현대, 그리고 소웰 렉서스는 1911년부터 패밀리의 전통을 자랑하는 고객 서비스를 해오고 있습니다.

음향효과 : 음악의 볼륨 업, 그리고 다운.

이러한 광고가 상품판매에 이어지기를 바라지만, 팔기 위해서 하드 세일 광고나, 오해를 불러일으키기 쉬운 CM을 만들려는 의논은 한번도 해본 적이 없다. 그런 종류의 광고는 일 년쯤은 효과가 있을지도 모르지만, 최종적으로는 성과가 오르지 않을 것이다. 또 광고에 아주 조금이라도 품위를 부여할 수 있다면, 내용은 텅 비어 있고, 요란스럽고 시끄러운 광고 속에서 그 광고주는 뚜렷이 눈에 띄는 존재가 된다. 나는 시끄러운 광고를 만나면 불쾌해져 버린다. 자동차의 판매점은 점포 주위를 큰 소리를 지르며 팔고 돌아다니지는 않으니까, 광고 속에서도 그런 짓을 해서는 안 되는 것이다.

광고는 상품을 팔기 위한 것이지만, 동시에 광고주 자신을 부각시키는 것이라는 점을 기억하라.

우리 회사의 광고는 지역 최고의 서비스를 제공한다든가, 마음의 배려가 있는 뛰어난 고객 응대니 하고 떠들어대지 않는다. 설사 그것이 거짓말이라도 어떤 딜러의 광고나 다 그런 식으로 호소하고 있으니까 고객은 그러한 문구를 믿지 않는다.

그 대신, 우리 회사에서는 구체적으로 제시하고자 대부분의 광고에서 무료 대차와 토요일 영업을 어필하고 있다. 이와같은 실례를 들고, 우리 회사는 도대체 어떤 회사인가를 전달한다. 그래서 실제로 고객이 서비스를 받아보고 접객태도의 성실함, 작업의 우수성을 실감했을 때 그것이 고객을 우리 회사의 단골 고객으로 만드는 결정적 요인이 된다.

체크리스트

✔ 품위를 잊지 말라. 언제나 최저가격을 내세워서 경쟁하려는 사람은 최후에는 빈털터리가 된다. 광고 속에서 가격에 대해 구태여 언급할 필요는 없다. 우선 자신의 회사가 도대체 어떤 회사인가를 전하는 광고를 만들도록 힘쓰라.

✔ 얘기하는 것이 아니라 실례를 보여주라. 구체적인 예는 일반론에 앞선다. "우리 회사의 종업원은 가장 우호적"이라고 하지 말고, 실제로 종업원이 어떻게 고객을 대해 왔는가, 앞으로 어떻게 대할 것인가에 대해서 실례를 들어주어야 한다. 그래서 이 점포의 서비스가 그 도시에서 최고라고 고객 자신에게 결론짓게 만드는 것이다.

✔ 경영자 자신이 곧 메시지이다. 경영자는 그 행동의 모든 것에 의해서, 고객과 종업원 양쪽을 향해 어떤 점포를 경영하고 있는가 하는 메시지를 보내고 있다. 따라서 복장이나 말투, 편지지의 선택과 같은 사소한 점이 매우 중요하다.

✔ 전파매체의 시청률이나 인쇄매체의 발행부수에 대한 최신 리포트를 읽는 시간을 마련하라. 광고대리점의 매체담당이 뭐라고 말하건, 이런 종류의 리포트는 특별히 난해한 원자물리학 책같은 것은 아니다.

1. 라디오―아비트론
2. TV―A. C. 닐슨
3. 잡지―《시몬즈 마켓 리서치 뷰로》지
4. 신문―《스카보로 뉴스페이퍼 레이팅스 캄파니》지

CHAPTER 33

판촉 프로그램에는 스토리가 있어야 한다

판촉활동은 광고의 경우와 마찬가지로 고객과의 접촉의 장을 구축하는 것을 목적으로 한다. 소웰 렉서스나 소웰 빌리지 캐딜락에 대해서 고객에게 명확하고 전진적인 이미지를 갖게 하고 싶은 것이며, 판촉은 또한 우리 회사의 비즈니스에 하나의 개성을 부여하는 기회이기도 하다.

나는 달라스 출신이기 때문에 잘 기억하는데, 니만 마커스 사는 그야말로 소매점이라고 할 수 있는 것, 텍사스 주 전체의 소매업의 규범을 보여준 회사였다. 최고의 상품을 갖추었고, 매장 스탭의 접객태도는 최고였다. 고객이 산 상품에 문제가 있다고 하면 묵묵히 언제나 반품에 응했다. 그뿐만 아니라, 당시 경영을 맡고 있던 스탠리 마커스(Stanley Marcus)는 그 회사의 비즈니스에 고객이 즐길 수 있는 요소를 추가하였다. 항례적인 니만 마커스 사의 크리스마스 프레젠트 대잔치는 이렇게 해서 시작되었다.

우리 회사에서는 니만 마커스 사가 어떻게 그 이미지를 창조했는가, 자동차의 딜러업이 일반 소비자에게 특별히 따뜻한 느낌을 주지 못하는 것은 왜일까에 대해서 생각해보았다. 그리고 판촉 프로그램 속에서 우리들은 일반적으로 생각하는 평균적인 딜러와는 다르다는 것을 보여주기로 했다.

그래서 우선 고객을 연 1회의 신차 발표파티에 초대하는 일부터 시작했다. 샴페인, 로스트 비프 외에 여러 가지 정성들인 디저트를 준비하고, 밴드를 불렀다. 매니저와 세일즈맨은 전원 검은 타이에 정장을 하고 파티에 참석하여, 신차 발표를 커다란 이벤트로 꾸몄다. 무리하게라도 차를 구입하겠다는 초대객이 있으면 그렇게 하지 않은 것은 아니지만, 우리 회사로서는 그 기회를 이용해서 자동차 세일을 하겠다는 생각은 없었다. 다만 신차 시즌의 개막을 축하하고, 지금까지 거래가 있었던 고객에게 감사의 뜻을 표하고 싶었던 것이다.

이것이 실마리가 되어 그로부터 매년 조금씩 쇼적인 요소를 더해 갔다. 새로운 장소로 이전해서 캐딜락 딜러를 개점했을 때는 TV프로 「달라스」에서 J. R.역을 맡았던 래리 해그맨(Larry Hagman)에게 협력을 부탁했다. 그것은 마침 「J. R. 을 쏜 것은 누구인가?」 시리즈를 방영하던 해였기 때문에 5천 명 이상이나 그를 만나러 왔다.

처음에는 고객 전원을 초대했으나, 래리 해그맨이 온다는 얘기가 금세 퍼져나가서 문의전화가 빗발치듯했다. 그래서 결국 캐딜락을 타고 오면 누구나 참가할 수 있게 했다. 당일 텍사스 각지에서 속속 캐딜락이 모여들기 시작했다. 우리 회사는 5백 대 내지 6백 대밖에 주차 공간이 없었기 때문에, 넘쳐난 사람들은 마치 축구시합을 구경하러 갔을 때처럼 이웃집의 뜰 같은 곳에 돈을 내고 주차하지 않으면 안 되었다.

우리 회사는 카우보이 기념관에서 출판된 〈웨스턴 아트전〉을 주최한 일도 있다. 또 근처의 철도 노넬협회에 기자의 모형을 만들어 달래서 전시한 일도 있다. 그러면 아버지들은 아이들에게 기차 모델을 보여주러 데리고오든가, 혹은 아이들이 아버지를 잡아끌고 올지도 모른다. 또 맛있는 것은 누구나 좋아하니까, 종종 우수한 주방장을 초대하기도 했다.

판촉 프로그램은 사람들의 눈을 그 주최자에게 향하게 하는 것이니까 프로그램의 세밀한 곳까지 제대로 정확하게 행해지고 있는가를 확인하라. 그렇지 않으면 사람들은 좋지 않은 인상을 받고, 딴전을 피우게 될 것이다. 그렇게 되면 전혀 아무것도 하지 않은 편이 훨씬 더 나을 것이다.

이러한 것은 모두 딜러에 대한 관심을 촉구하는 것이지만, 이것이 절대로 판촉활동을 하는 첫번째 이유는 아니다. 거래를 해준 고객에 대하여 감사를 하는 것이 첫번째 이유이다. 고객에 대해서는 아무리 감사해도 충분하다고는 할 수 없으니까, 이것은 중요한 일이다. 다음으로, 이것이 바로 판촉활동을 행하는 참다운 이유이지만, 고객과 접촉하는 장을 만들어서 거래를 하기 위한 이유를 또 하나 부여하는 것이다.

체크리스트

✔ 판촉 프로그램에는 스토리가 있어야 한다. 분명히 판촉 프로그램은 사람을 즐겁게 만들고 관심을 끄는 것이지만, 그것이 주최자인 회사의 이미지에 어떤 영향을 끼치는지 잘 생각해보아야 한다. 지방의 교향악단 연주회를 주최한다면 그것은 하나의 것을 얘기하고, 〈웨트 티셔츠 컨테스트〉를 개최한다면, 이것은 또 다른 것을 얘기하는 것이다.

✔ 결정을 못할 때는 낯익은 고객만을 초대하라. 미래의 손님은 야구시합 등 미국인이라면 누구나 좋아하는 것에 초대하면 안전하다. 이미 거래가 있는 고객에게는 좀더 신경을 쓰지 않으면 안 된다. 귀사가 현재 있는 것도 이 고객 덕택이기 때문이다.

✔ 판촉 프로그램은 정확히 행하라. 판촉의 정의는 '빅 이벤트'라는 것이다. 싸구려로 치르겠다는 생각을 해서는 안 된다. 파티라면 정장으로 위엄을 갖추고, 악단을 부르고, 생화를 많이 사용해서 연회장을 장식해야 한다. 기억에 남는 멋진 인상을 주도록 노력할 것을 잊어서는 안 된다. 참석자가 기억해주기를 바라는 것은 김빠진 소다수와 차가운 프레첼인가? 아니면 샴페인과 게요리 쪽인가?

ELEVEN

고객을 다시 불러들여라

CHAPTER 34

33만2천 달러의 고객

이미 말한 바와 같이 나는 "어서 오십시오.", "고맙습니다.", "손님이나 사모님"과 같은 말투, 매너의 소중함을 믿고 있다. 예의바르게 행동하는 것은 돈으로 이어지는가? 멋진 쇼룸을 갖는 것은? 사원을 존경의 마음을 가지고 다루는 것은? 물론 돈으로 연결된다! 장기적인 안목으로 보면 고객에게, 그리고 고객이 안고 있는 문제에 대해서도 자세하게 대응해준다면 많은 거래를 할 수 있게 된다.

이러한 비즈니스 방식은 누구에게나 다 어필되는가?

대답은 "노우"이다.

언제나 아주 작은 돈에 구애받는 사람이 있는가?

대답은 "예스"이다.

이런 부류의 시어즈에 가서 오일 필터를 사고, 다음에 K 마트에 가서 바겐세일의 오일을 사고, 그것으로 7달러 절약했다고 만족하고 신이 나서 자동차 밑으로 기어들어가 오일과 필터를 자기 손으로 직접 교환할 것이다. 가격면에서는 우리 회사가 교환하는 것보나 싸게 먹히겠지만, 그 일을 자신이 전부 하는 데는 무려 3시간이나 걸리게 될 것이다.

　한 사람의 고객이 한평생 지불해주는 금액은 어느 정도나 될까? 고객을 만날 때마다 우리들 딜러가 자문하는 것은 이 질문이다. 딜러라면 이 고객과 한 번만의 거래로 끝내고 싶지 않고, 영구히 거래를 계속하려고 생각할 것이다. 단 한 대의 자동차가 아니라 앞으로 10대, 20대의 자동차를 팔고 싶은 것이다.

　20대를 사줄지도 모르는 고객에 대해서 특별한 노력을 기울일 생각이 있는가? 물론이다.

　그러나 대부분의 사람들은 오일교환에 3시간을 낭비하기보다 좀더 유효한 시간활용 방법이 있으니까, 일상생활에서 되도록이면 귀찮은 일은 생략하고 싶어한다. 쇼핑을 하는데도 쾌적한 환경을 원하므로 우리 회사에서는 고객이 기분좋게 느낄 수 있는 점포를 꾸민다. 한 대의 자동차를 팔고 싶기 때문에 그렇게 하는 것이 아니라, 그렇게 함으로써 10대나 20대를 팔 기회를 만들기 위해서이다. 이것은 고객이 일생 동안에 살 것이라고 예상할 수 있는 자동차의 숫자이며, 그 금액은 막대하다. 한 대의 가격이 2만5천 달러라면 12대면 30만 달러나 된다. 그 것에 부품과 서비스 요금을 합치면, 우리 회사의 경우 33만2천 달러에 달하게 된다. 고객에게 상품을 한 개 팔 때마다 그것이 껌 한 개든 자동차 한 대든, 장래에 이 고객이 얼마나 돈을 써주는가를 생각하지 않으면 안 된다.

　파급효과(rock-in-the-pool) 이론은 왜 이런 식으로 고객을 응대해야 하는가를 설명해주고 있다. 즉, 고객에 대해서 정말로 뛰어난 일을 해주면, 그 고객은 그것을 친구에게 얘기하게 된다. 이러한 입 광고는 어떤 TV 광고보다도 더 강력하다. 사실 우리 회사의 광고문안에는 "실제로 이 자동차를 타고 있는 분에게 물어보십시오."라는 것이 있다. 만일 우리 회사의 고객에게 그 친구가 "이 판매점은 어떤가?" 하고 물어본다면, 그 질문한 사람을 다음 고객으로 만들 확실한 기회를 잡았다고 할 수 있다.

그리고 그 고객의 친구에게 한 대 팔 때마다 또 새로운 33만2천 달러의 기회가 생겨나는 것이다.

알고 있다시피 자신의 가족이나 친구에게 대하듯 고객에게 대하는 것이 좋다고 나는 진심으로 생각하지만, 그러나 그것이 도덕적으로 옳은 일이기 때문은 아니다. 누구나 행동의 동기는 모두 자기 자신의 이해관계 때문이며, "그렇게 하면 얼마나 이익을 볼까?" 하고 생각하는 법이다. 고객이 말하는 것을 잘 이해하고 기분좋게 대해주면, 거친 말을 쓰고 난폭하게 대하는 것보다 비즈니스는 신장된다. 고객을 화나게 만들어서 쾌감을 느끼는 사람은, 고객이 떠나건 떠나지 않건 신경도 쓰지 않을 것이다.

시어즈와 같은 점포에서는 고객 응대에 대해서 많은 것을 기대할 수 없다는 것을 처음부터 알고 있다. 그곳에 가는 이유는 단지 가격이 싼 것뿐이다. 우리 회사의 비즈니스는 이것과는 근본적으로 다르다. 일류 호텔에서처럼 고객에게 흐뭇하고 즐거운 경험을 맛보게 하려고 노력한다. 일류 호텔의 응대는 매우 뛰어나다. 베개 위에는 초콜릿이 놓여있고, 샤워는 1분에 두 방울밖에 물이 나오지 않는 일 없이 손잡이를 돌리는 순간에 담뿍 뜨거운 물이 쏟아져 나오고, 타월은 크고 푹신푹신한 것이다. 이 정도면 돈을 좀더 써도 아깝다고 생각되지 않을 것이다.

쾌적한 환경을 제공하려면 경비는 많이 나가지만 매상고도 증가하게 될 것이다. 우리 회사의 마진 자체는 다른 회사만큼 크지는 않지만, 최종적인 수입은 많아진다. 왜 그런가? 그것은 우리 회사에서는 고객을 소중히 다루므로 그 고객이 친구를 데리고 돌아오기 때문이다. 결국 영원한 비즈니스가 이루어지는 것이다.

체크리스트

✔ 한번에 한 대만 팔고, 그것으로 끝내지 말라. 고객은 상품을 사고, 그 뒤에는 영구히 모습을 나타내지 않을 것이라고 생각해서는 안 된다. 최초의 거래를 될 수 있는 대로 기분좋은 것으로 만들기 위해서 할 수 있는한 무엇이든 다하라. 이것은 그 고객과의 다음 거래에 대해서도 마찬가지다. 그렇게 하면, 고객은 고정객이 된다. 이것을 실행하는 데 동기부여가 필요하다면, 그 고객이 일평생 동안 얼마를 지불해주는가를 생각하면 된다.

✔ 고객마다 매상액을 기록하라. 누가 33만2천 달러의 고객인가를 알아둬야 하며, 그러한 고객에게는 그 나름대로 응대를 해주어야 한다. 누구에게나 한결같이 기분좋게 대해야 하겠지만, 단골손님에 대해서는 그 이상으로 특별히 배려하고 절대로 기다리게 하지 않는다. 손님이 이렇게 해달라고 말하기 전에 이쪽에서 미리 그것을 알아차려 손을 써야 한다.

✔ 팔고 있는 것은 사실은 무엇일까? 대부분의 사람들이 돈을 지불하고 손에 넣고 싶어하는 것은 실은 상품 그 자체가 아니라 어떤 해결책이다. 무익하게 시간을 낭비하기보다는 차라리 돈으로 해결하려는 사람이 결코 적지 않다.

CHAPTER 35

실수를 용서받으려면?

고객 응대가 언제나 정확했다면, 적어도 한두 번의 실수라면 고객은 용서를 해줄 것이다.

그러나 실수를 그냥 용서해주는 것은 아니다. 은행구좌와 매우 비슷해서, 딜러가 정확하게 일을 해줄 때마다 고객은 대변 쪽에 기입하고, 실수를 하면 그때마다 그것을 차변 쪽에 기입한다. 차변 쪽에 한 번 기입이 되면, 대변 쪽의 기입이 열 번 정도가 안 되면 상쇄가 되지 않는다. 그리고 밸런스가 플러스인 경우에는 아마도 고객은 실수를 해도 용서해줄 것이다.

실수에 어떻게 대처해야 하는가는 모두 유치원에서 배웠을 것이다. 잘못을 인정하고, 빨리 정정하고 "죄송합니다!" 하고 사과하는 것이다. 이렇게 하면, 고객은 부모처럼 용서해줄 것이다.

이것은 대단히 어려운 일이다. 새로운 레스토랑에 들어가보았더니 서비스는 엉망이고, 음식도 맛이 없었을 때의 일을 기억해보자. 틀림없이 그 레스토랑에는 두번 다시 가지 않을 것이다. 그러니까 가야 할

이유가 없는 것이다. 그 레스토랑은 그 뒤에 다시 찾아갈 가치가 없기 때문이다.

우리 회사에서는 희망적 관측이긴 하지만, 실수를 했다 하더라도 그 이후에도 계속 찾아줄 만한 이유를 미리 고객에게 부여하고 있다. 고객은 지금까지 우리 회사가 예의바르고 정확하게 업무를 처리해온 것을 기억해줄 것이다. 엔진 조정을 할 때 서비스 어드바이서가 그 고객이 이전에 써보고 싶다고 말한 오일의 종류를 항상 기억하고 있다든가, 차내의 작업을 할 때 담배를 피우는 기술자를 싫어한다는 것을 알고 있다는 것 등을 기억해낼 것이다.

우리 회사가 고객에게 신경을 쓰고, 열심히 노력하고 있다는 것을 고객은 잊지 않고 있을 테니까, 만일 실수를 해도 한두 번은 용서해 줄 것 같다.

어쨌든 지향하는 것은 절대로 고객을 실망시키지 않는 것이다. 그러나 만일 고객과 사이가 원만하다면, 한 번 큰 실수를 했다 하더라도 관대하게 보아줄 것이다.

체크리스트

✔ 이미 이쪽의 선의는 어느 정도 통하니까 그것에 대한 고객의 기대를 저버려서는 안 된다. 만일 이쪽이 잘못했다면, 혹은 착오로 고객이 이쪽에서 잘못했다고 생각하는 경우라도, 그 시점에서 즉각 잘못을 인정하고 문제의 해결에 임하라.

✔ 실수를 금전으로 처리할 필요는 없다. 마음속으로부터 우러나오는 사과와 실수의 재빠른 정정이 대개의 경우 문제의 해결이 된다.

✔ 실수가 버릇이 되어서는 안 된다. 실수를 해도 고객이 용서해주는 것은, 좋은 서비스 제공의 긴 역사 덕택이다. 고객이 아량이 있다고 해서 두 번째 실수를 범하는 일이 없도록 조심하라.

CHAPTER 36

제3자 기관으로부터 체크를 받아라

'1등' 이라는 개념은 효과가 있다.

나는 우리 회사의 업적과 고객 서비스에 대한 우리의 어프로치가 보다 높은 수익을 올리게 만들었다는 것을 입증한다고 믿는다. 그 어프로치에 대해서 설명을 들으면, 사람들은 왜 그것이 효과를 올렸는가를 직관적으로 이해하고 "그렇군요. 친절하게 응대해주면 나는 당신 회사에서 구입할 것이고, 또 계속해서 거래해나가고 싶은 마음이 생기겠지요." 하고 말하는 것이다.

대부분의 사람들은 그렇게 말한다. 그러나 전부는 아니다. 상당히 다루기 힘든 사람들도 있다.

우리 회사가 고객을 너무 치켜올리고 돈을 낭비하고 있으며, 우리 회사의 성공은 단순한 행운에 지나지 않는다고 비난하는 사람들에게 나는 질려버렸다. 그래서 J. D. 파워 앤드 어소시에이츠 사에게 우리 회사의 평가를 의뢰했다. 이 회사는 자동차의 서비스나 품질의 평가에 관해서 널리 알려져 있는 조사회사이다. 파워 사에서는 의뢰주를 밝히지 않고 우리 회사에 대한 평기를 조사했다.

나는 파워 사의 조사가 우리 회사의 고객 서비스 방식이 잘못되어 있지 않다는 것을 숫자로 입증해줌과 동시에, 개선점을 지적해주기를 기대했다.

결과는 만족할 만한 것이었다. 그 분야에서 전문가라고 인정받은 사람들로부터 자신의 비즈니스에 대해서 다음과 같은 말을 듣고 싶지 않은 사람은 아마 없을 것이다.

"소웰 빌리지 캐딜락 사는 고객을 만족시키는 것에 관해서 모범적인 성과를 올리고 있다. '고객 응대'에 대해서 대단히 긍정적인 평가를 얻고 있는 것이 31달러의 강점이다. "

"만일 소웰 빌리지 캐딜락 사가 J. D. 파워 사의 고객 만족도 조사의 대상에 포함되어 있었다면, 그 평가는 금년의 제1위인 아큐라(혼다의 고급차 판매망) 사에 필적했을 것이다. "

이것이 보고서의 첫부분이다. J. D. 파워 씨가 직접 작성한 이 보고서는 우리들의 고객 서비스에 관한 평가치는 전국 평균보다도 31. 5퍼센트 높고, 우리 회사의 종업원은 훌륭하다고 기술하고 있다. 예를 들어, 우리 회사는 서비스 어드바이서의 우수성 면에서는 캐딜락 딜러의

서비스의 우수성			
	소웰	캐딜락 딜러의 전 미국 평균	캐딜락 딜러의 전 미국 평균을 상회하는 비율
고객을 예의바르게 대했는가?	84%	54%	56%
서비스의 예약은 하기 쉬웠는가?	75	54	39
서비스 담당자는 성의가 충분히 있었는가?	75	49	53
서비스 담당자의 전문적 지식은 충분했는가?	66	42	57

272

전 미국 평균보다 45퍼센트나 높다. 덧붙여 말하면, 캐딜락은 그해 미국의 국산차 가운데서 최고의 평가를 얻었던 것이다.

보고서에는 앞의 표에 있는 것처럼 좀더 즐거운 평가가 나와 있었다.

여기에도 우리 회사 서비스진의 성적은 대단히 좋았다. 평가는 "뛰어나다."이든가, 그 다음인 "대단히 좋다." 외에는 거의 없었다.

보고서에는 "딜러의 평가에서 이 이상의 좋은 성적이 나오는 일은 거의 없다."고 되어 있고, 고객 만족도는 파워 사의 CSI 조사에서 제1위로 랭크된 아큐라 사와 동등하다고 덧붙였다.

나는 이것만으로는 아직도 의심의 눈으로 우리 회사를 보는 사람들을 조용하게 만드는 데 충분한 데이터는 아니라고 생각했는데, 놀랍게도 그것에 충분한 데이터가 보고서에 있었다.

조사에서는 두 가지 질문이 행해졌는데, 그것은 바로 뛰어난 고객 서비스가 매상증가에 이어지는가의 핵심을 찌르는 것이었다.

파워 사는 우리 회사의 고객과 전국의 캐딜락 딜러의 고객에 대해서 매입한 자동차에 '대단히 만족'했는지 어떤지를 질문했다. 이것은 흥미를 돋우는 설문이었다. 왜냐하면 우리 회사에서 취급하는 자동차는 다른 캐딜락 딜러에 있는 자동차와 하등 다를 바가 없었기 때문이다.

그러나 자동차 그 자체는 같아도 우리들의 '대단히 만족'의 스코어는 전국 평균보다 25퍼센트나 높았다. "판매 전후를 통해서 우리들의 응대가 좋았기 때문에, 이 질문을 받고 고객들은 자동차라는 실체 이상의 것을 머리에 떠올렸던 것"이다.

만일 이것이 진실이라면, 우리 회사는 다른 딜러보다 다수의 고정객을 획득할 수 있다고 기대해도 된다. 그리고 다음 페이지 표에서 밝혀진 것처럼, 조사결과가 이것이 진실이라는 것을 뒷받침해주었다.

바꿔 말하면, 이 조사가 보여주는 것은 우리 회사가 고객을 지나치게 치켜올리거나 돈을 낭비하지 않는다는 사실이다.

이와 같은 비즈니스 방식은 기분좋은 것이다. 그리고 무엇보다도 중요한 것은, 이 방식은 실제로 효과를 올리고 있다는 점이다.

같은 차종의 재구입 의지가 있는가 없는가?		
	소웰	캐딜락 딜러의 전미국 평균
꼭 구입하고 싶다	47%	35%
재구입하지 않을 생각이다	9	13
절대로 구입하지 않겠다	3	9

체크리스트

✔ 회사 밖의 제3자에게 체크를 받아라. 자기 회사에서 정기적으로 고객조사를 한다고 해도, 회사 밖의 조사전문가를 초빙해서 역시 정기적으로 귀사가 어떻게 비즈니스를 하는가를 체크받는 것이 좋다. 그렇게 함으로써 귀사가 행한 조사의 정당성을 이중 체크할 수가 있을 뿐만 아니라, 전문가라면 전국의 다른 회사와 비교해서 귀사의 실체를 평가할 수 있기 때문이다.

✔ 장점도 단점과 똑같이 주목하라. 컨설턴트에게 개선을 요하는 점을 지적해달라는 것은 당연하지만, 컨설턴트가 귀사가 올바르게 행하고 있다고 지적한 점에 대해서는 그것을 크게 활용하는 것도 잊어서는 안 된다.

✔ 대단히 고맙다. 당신이 이용할 수 있는 아이디어를 이 책에서 찾아내기를 바란다.

後 記

이 책에서 교훈을 얻지 못한다면 그것은 당신의 잘못이다

여러분이 지금 마악 읽고 난 이 책은 여타의 많은 책에서는 찾아보기 힘든 요소, 즉 상식적이고 평이하게 씌어졌다는 것을 알 수 있으리라.

저자인 칼 소웰 씨는 문제를 정의하고, 그것을 해결할 수 있는 방법을 간단한 구성요소로 압축시키는 재능을 가지고 있다. 다른 무엇보다도 그는 수직적으로 사고할 수 있는 능력을 지녔다. 따라서 칼 소웰 씨는 마치 얘기하는 것처럼 쓰고, 생각하는 것처럼 얘기한다.

이 책 속에서 저자는 나를 어떻게 컨설턴트로 고용했는가에 대해서 설명했지만, 전체적인 얘기를 털어놓지는 않았다. 그의 권유에 대한 나의 대답은, 나는 자동차 사업에 관해서 거의 아는 것이 없기 때문에 얼마나 도울 수 있을지 의심스럽다고 하는 것이었다. 그때 칼 소웰 씨의 대답은, 자신은 자동차에 관해서는 더이상 배울 필요가 없으며, 자기가 알고 싶은 것은 사치품들을 파는 비즈니스에 관해서 더 많은 것을 알고 싶다는 것이었다.

칼 소웰 씨는 자신이 자동차업계에서 독보적 위치를 차지할 수 있었던 것은, 최고의 서비스가 중요하다는 것을 깨닫고, 그것을 열의와 상상력과 상식을 가지고 세워나갔기 때문이라고 말한다.

최근에 나는 미국의 기업들이 그처럼 높은 서비스 기준을 달성한 이유를 연구하기 위해 미국을 찾아온 유럽의 실업가들 그룹에게 연설을 한 적이 있다. 그들에게 나는 무엇보다도 먼저 그들이 자신들의 고객을 존경해야 하며, 둘째로 그들을 사랑하는 것을 배워야 하며, 끝으로 그들을 숭앙해야 할 것이라고 말했다.

이러한 모든 것을 칼 소웰 씨는 너무나도 잘 알고 있으며, 그것을 열의를 다해서 실천에 옮기고 있다. 이것은 너무나도 단순해서 소수의 사람들이 이 테크닉을 흉내내려고 한다는 것이 도무지 기적처럼 생각될 정도이다. 칼 소웰 씨는 진심으로 고객을 아끼고 있다. 그리고 사실 그것은 참으로 모방하기가 힘든 일이다.

이 책을 읽어보면 칼 소웰 씨의 어머니가 그를 올바르게 키웠다는 것을 잘 알 수 있을 것이다.

이 알기 쉬운 책은 자동차 제조업이나 판매업에 종사하는 사람들만을 위한 것이 아니라, 최종 소비자에게 상품을 파는 분야에 종사하는 모든 사람들에게도 똑같이 유효한 책이라는 것을 강조해두고 싶다.

만일 이 책에서 교훈을 얻지 못한다면 그것은 당신의 잘못이다.

스탠리 마커스(Stanley Marcus)

어느 누가 읽어도 참신하고 충격적인 성공 아이디어

이 책은 전 미국뿐만 아니라 전 세계에서 고객을 어떻게 만족시키고, 평생 고객으로 만드느냐에 대한 참고서로 광범위한 사람들에게 읽혀져 베스트셀러가 된 칼 소웰(Carl Sewell)과 폴 브라운(Paul B. Brown)의 공저, 『평생의 고객 : 한번 고객을 평생 고객으로 만드는 법』(Customers For Life : How To Turn That One -Time Buyer Into a Lifetime Customer, 1990)의 완역본이다.

이 책은 한마디로 고객을 어떻게 대하고, 또 어떻게 관리하여 기업의 성공을 성취하는가를 알기 쉽게 설명한 경영서이다. 다른 자기개발서나 경영서, 또는 세일즈 책은 너무 이론적이고 현학적이어서 읽어보았자 큰 도움이 안 되는 저서들이 많다. 그러나 이 책은 저자가 직접 실천해 보고 이룩한 성공사례이며, 또 대기업을 이룬 성공기업인들의 사례이기 때문에 독자들에게 크나큰 공감과 함께 큰 도움을 주리라 확신하는 바이다.

따라서 이 책은 조그만 규모의 자영업을 하는 사장뿐만 아니라 중소기업, 더 나아가 대기업의 회장, 또 젊은 샐러리맨은 물론이고 과장이나 부장 등 어느 누가 읽어도 새롭고 참신하고 충격적인 성공 아이디어를 얻게 될 것이다.

어쨌든 이 책을 읽고 사업에 성공하기를 기원하는 바이다.

끝으로 이 졸고를 쾌히 빛보게 해주신 도서출판 장락의 유명자 사장님께 심심한 사의를 표하는 바이다.

1992년 12월 8일

정성호